HISTÓRIA
CONTEMPORÂNEA

da Revolução Francesa
à Primeira Guerra Mundial

COLEÇÃO HISTÓRIA NA UNIVERSIDADE

Coordenação Jaime Pinsky e Carla Bassanezi Pinsky

ESTADOS UNIDOS *Vitor Izecksohn*

GRÉCIA E ROMA *Pedro Paulo Funari*

HISTÓRIA ANTIGA *Norberto Luiz Guarinello*

HISTÓRIA CONTEMPORÂNEA *Luís Edmundo Moraes*

HISTÓRIA CONTEMPORÂNEA 2 *Marcos Napolitano*

HISTÓRIA DA ÁFRICA *José Rivair Macedo*

HISTÓRIA DA AMÉRICA LATINA *Maria Ligia Prado* e *Gabriela Pellegrino*

HISTÓRIA DA ÁSIA *Fernando Pureza*

HISTÓRIA DO BRASIL COLÔNIA *Laima Mesgravis*

HISTÓRIA DO BRASIL CONTEMPORÂNEO *Carlos Fico*

HISTÓRIA DO BRASIL IMPÉRIO *Miriam Dolhnikoff*

HISTÓRIA DO BRASIL REPÚBLICA *Marcos Napolitano*

HISTÓRIA IBÉRICA *Ana Nemi*

HISTÓRIA MEDIEVAL *Marcelo Cândido da Silva*

HISTÓRIA MODERNA *Paulo Miceli*

PRÁTICAS DE PESQUISA EM HISTÓRIA *Tania Regina de Luca*

Conselho da Coleção

Marcos Napolitano
Maria Ligia Prado
Pedro Paulo Funari

Consulte nosso catálogo completo e últimos lançamentos em **www.editoracontexto.com.br**.

Luís Edmundo Moraes

HISTÓRIA CONTEMPORÂNEA

da Revolução Francesa
à Primeira Guerra Mundial

Coleção
HISTÓRIA
NA UNIVERSIDADE

editora**contexto**

Ilustração de capa
Adolph Menzel, *Eisenwalzwerk*, 1872-5 (detalhe)

Coordenação de textos
Carla Bassanezi Pinsky

Montagem de capa e diagramação
Gustavo S. Vilas Boas

Preparação de textos
Lilian Aquino

Revisão
Ana Paula Luccisano

Dados Internacionais de Catalogação na Publicação (CIP)
Andreia de Almeida CRB-8/7889

Moraes, Luís Edmundo
História contemporânea : da Revolução Francesa à Primeira
Guerra Mundial / Luís Edmundo Moraes. –
1. ed., 6ª reimpressão. – São Paulo : Contexto, 2024.
176 p. : il. (História na universidade)

Bibliografia
ISBN 978-85-520-0027-3

1. História moderna, Séc. XIX-XX 2. França – História –
Revolução, 1789-1799 3. Guerra Mundial, 1914-1918
4. Europa – História I. Título II. Série

17-1078   CDD 909

Índice para catálogo sistemático:
1. História contemporânea

2024

EDITORA CONTEXTO
Diretor editorial: *Jaime Pinsky*

Rua Dr. José Elias, 520 – Alto da Lapa
05083-030 – São Paulo – SP
PABX: (11) 3832 5838
contato@editoracontexto.com.br
www.editoracontexto.com.br

Sumário

Introdução:
o século XIX europeu

O tempo é uma coisa curiosa. Para marcá-lo, registrá-lo, consumá-lo, inventamos aparelhos implacáveis que se impõem a nós e, não raro, nos fazem servos de nossas próprias invenções. Relógios e calendários nos dominam de tal forma que dão a impressão de que há um tempo comum a todos nós. Ledo engano. O tempo não é único para todas as pessoas, nem é vivido da mesma maneira em todas as sociedades.

É por isso que os historiadores, profissionais profundamente reverentes ao tempo e senhores de sua marcação, tratam esses aparelhos com certo desrespeito e até mesmo com desdém. E eles fazem isso por uma boa razão: o tempo dos calendários é sempre um *tempo imperfeito*. O cálculo frio da passagem de um tempo absoluto não toca naquilo que importa na escrita da História: os homens, seus pensamentos, suas ações e inações, suas obras e seus grupos. E os homens e os processos nos quais eles se envolvem não respeitam as fronteiras frias marcadas pelos meses, anos e séculos. As coisas da vida, teimosamente, começam e acabam antes ou depois do momento que os calendários admitiriam ser o certo. De fato, é observando continuidades e descontinuidades das *coisas humanas* que os historiadores definem os tempos, recortam as épocas, traduzem as eras.

Como qualquer outro século, ou época, também o "século XIX" está sujeito aos sabores das avaliações feitas por historiadores com visões distintas, e isso impacta na definição de seus limites. Há os que consideram que ele tem 125 anos (1789-1914); há os que pensam que ele abarca 100 anos (1815-1914) ou menos. Em todos esses casos, existem boas razões para tomar determinados eventos – como o início da Revolução Francesa ou o começo da Primeira Guerra Mundial... – como *marcadores de tempo*, que fecham e abrem períodos. Este livro considera o "XIX" um "século longo", e faz isso levando em conta que a história que vai ser contada aqui é uma História *europeia*. Portanto, é uma História do *tempo de um lugar*. Evitamos, assim, enredados nas malhas de um mal disfarçado eurocentrismo, cair na tentação de supor qualquer universalidade para aquilo que é chamado de "contemporâneo". Os marcadores usuais de uma "História do século XIX" incluem necessariamente a Revolução Francesa, o Congresso de Viena, a Revolução de 1848, a Primeira Guerra Mundial, além de vários outros. E ainda que eles sejam marcadores exclusivamente europeus, não é incomum que encontremos histórias que são contadas como se eles valessem como pontos de mudança para todo o mundo. E isso simplesmente não é verdade: outras sociedades têm seus próprios tempos, distintos ou muito distintos daqueles da História europeia.

Porém, considerar que os marcos da História europeia não podem ser transpostos para outros lugares não significa dizer que as coisas europeias não nos dizem respeito. Com o século XIX, a Europa se espalha pelo mundo como nunca antes: seus navios, emigrantes, mercadorias e armas levam junto deles valores, ideias, instituições e práticas. Nessa época, o *espaço europeu* se ampliou de forma tão brutal e rápida que se começou a falar, com alguma propriedade, da *europeização* do mundo. É por isso que, mesmo escrita a partir de contextos e processos exclusivamente europeus, a História contada neste livro trata de temas que nos tocam.

Além disso, este livro não fala de tudo, e nem poderia. Ele seleciona fatias deste bolo que é o "século XIX" europeu. E as seleciona tanto por sua significação para os contemporâneos quanto pela longevidade de seus efeitos, muitos dos quais nos afetam ainda hoje.

O que parece ser decisivo para descrever esse "século" é a quantidade inédita de mudanças ocorridas em uma velocidade jamais vista. Não que o mundo europeu de 1914 fosse absolutamente diferente daquele de 1789. Não era. Muitas feições da Europa de 1789 ainda eram largamente visíveis em 1914. Mesmo assim, nunca antes tantas novidades haviam surgido no mundo tão rapidamente sem que boa parte das pessoas estivesse preparada para as mudanças que provocaram: o voto universal, a perda de espaço social do pensamento religioso, a eletricidade, o telégrafo, o zepelim, a onipresença das locomotivas, o movimento operário, o pensamento nacionalista, entre muitas outras. E mais que isso, as próprias sociedades europeias (em especial no espaço urbano) mudaram também. Alguém que tivesse vivido em Berlim em 1500 certamente teria se sentido em um ambiente familiar na Berlim de 1800. Mas aquele que viu a Berlim de 1800 quase certamente não a teria reconhecido em 1890. Muitos dos contemporâneos desse tempo de mudanças ficaram animados, outros tantos, assustados ou angustiados com elas.

Foram as novidades que fizeram com que muitos buscassem outras e com que alguns recusassem toda e qualquer inovação; esse é o século que viu surgir movimentos políticos em torno da democracia e do socialismo que disputaram espaço com movimentos tão jovens quanto eles, que buscavam simplesmente conservar ou recuperar o que era antes.

Este livro nem respeita de forma estrita e nem desrespeita de forma absoluta a cronologia. Ele começa com a Revolução Francesa e termina pouco antes da Primeira Guerra Mundial, mas idas e vindas são sempre inevitáveis, porque o tempo das coisas humanas é rebelde: ele não segue calendários, tampouco se deixa enquadrar em capítulos de livros. Ainda que tentemos...

A Revolução Francesa

A Revolução Francesa foi um evento de grande alcance na história, ultrapassando as fronteiras da França e produzindo um impacto profundo não apenas na época dos acontecimentos, mas também muito tempo depois. De fato, as referências políticas decisivas daquilo que conhecemos por "sociedade burguesa" – que sintetizam alguns dos valores e das ideias liberais, envolvendo a noção de um Estado laico, regido por uma constituição elaborada por representantes escolhidos pelo povo, prevendo igualdade dos cidadãos perante a lei – foram transformadas em norma pela primeira vez por meio dessa revolução.

Em uma das primeiras Histórias escritas sobre a Revolução Francesa, François-Auguste Mignet, um intelectual liberal na França pós-revolucionária, ao avaliar o processo revolucionário em 1824, concluiu que os resultados alcançados em seu final foram, em maior ou menor grau, aqueles projetados em seu início. Para ele, ainda que tivesse sido necessário "vencer muitos obstáculos", no final de todo o processo, "o objetivo foi alcançado". Essa forma de pensar o processo revolucionário francês passou a ser repetida por muitos depois dele.

Pouco mais de 20 anos depois, Jules Michelet, autor de *História da Revolução Francesa*, apontou um caminho distinto: no prefácio de seu livro, escrito em 1847, ele afirmou que "os chefes de partido, os heróis da história, nem a previram nem a prepararam", e que "eles não tiveram a iniciativa de nenhuma das grandes coisas, em especial daquelas que foram a obra unânime do povo no início da revolução".

Mas, apesar da advertência de Michelet, muitos historiadores continuaram a falar da Revolução à moda de Mignet, guiando sua reconstrução do passado a partir dos resultados e produzindo a ilusão de que "nas origens" era possível encontrar "o final" em gestação. Contudo, hoje, sabe-se muito bem que o processo que levou a França a se tornar uma sociedade pautada por valores burgueses, no século XIX, não foi projetado por aqueles que, em 1789, quiseram se livrar do Antigo Regime.

A ideia de que se trata de um processo linear, com algum grau de planejamento, e cujos resultados foram derivados das intenções de seus agentes foi sendo deixada de lado quando os historiadores se permitiram observar a incerteza, a surpresa e os sobressaltos.

Eric Hobsbawm, um prestigioso historiador do mundo contemporâneo, na época do Bicentenário da Revolução, sintetizou essa tendência da seguinte forma:

Não havia, em 1789, uma burguesia autoconsciente que representava a nova realidade do poder econômico, pronta a tomar em suas próprias mãos os destinos do Estado, eliminando a decadente aristocracia feudal; e, considerando que ela existia na década de 1780, uma revolução social não era o seu propósito. Antes, uma reforma das instituições do reino, e, de toda forma, seu objetivo consciente não era a construção de uma economia capitalista. [...] Na realidade, se por "burguesia" nós entendemos essencialmente uma classe de homens de negócios ou mesmo de industrialistas que contratavam trabalho assalariado, então não devemos considerar muito sua importância social ou riqueza econômica em 1789, especialmente se excluirmos os homens de negócios vindos da nobreza ou absorvidos por ela.

Fonte: HOBSBAWM, Eric. "The Making of a 'Bourgeois Revolution'". *Social Research.* v. 56, n. 1, 1989, pp. 18-9. Tradução nossa.

Ou seja, a Revolução Francesa resultou em um sistema político e em um tipo de ordenação social que acabaram por favorecer o desenvolvimento de uma sociedade liberal e capitalista. Mas, curiosamente, ela não foi o resultado da "ação da burguesia", mas de pessoas de grupos sociais, profissões e trajetórias de vida distintas, cujas intenções, ao contestar o regime vigente, em geral não apontavam para os resultados efetivamente alcançados, que acabaram por favorecer a burguesia. O processo que teve início em 1788/1789 trouxe, a cada fase, resultados surpreendentes tanto para aqueles que dele participaram quanto para os que simplesmente o observaram, de perto ou de longe.

Mesmo não sendo o primeiro movimento político guiado por ideias liberais, a Revolução Francesa foi diferente de tudo o que a havia precedido, não somente pelas rupturas que provocou na sociedade, mas também pelo fato de que, com ela, os próprios limites daquilo que era, então, imaginável para o mundo social – os *limites do possível* – foram ultrapassados. O leque de *possibilidades de futuro* se ampliou de forma significativa e, já no início do movimento revolucionário, passaram a concorrer, lado a lado, projetos de sociedade de matizes distintos: desde aqueles que propunham mudanças mais ou menos superficiais (para que as coisas continuassem a ser, fundamentalmente, como eram antes), até os que imaginavam que os próprios moldes do mundo poderiam ser quebrados e recriados de forma inovadora.

Esses projetos foram se afirmando em momentos diferentes do processo, o que significa que, de fato, tratou-se não de uma, mas de *revoluções francesas distintas, concorrentes* e *sequenciais*, com cada uma delas produzindo resultados, em maior ou menor grau, imprevistos e não planejados.

No início, o que reuniu pessoas de aspirações distintas em um campo comum e as fez tomar, em fins do século XVIII, os rumos da revolução foi o fato de elas *recusarem o seu mundo*, aquilo que ficou conhecido como *Antigo Regime.*

O ANTIGO REGIME: PARTICULARISMOS, HIERARQUIA E PRIVILÉGIOS

Quando se trata de descrever o Antigo Regime, especialmente em seus contornos políticos, tornou-se usual chamá-lo de *absolutista*, termo que foi inventado pelos seus adversários.

Dois princípios fundamentavam a legitimidade do poder real tal como monarcas e teóricos do absolutismo o compreendiam. Um era o princípio dinástico, fixado por normas de hereditariedade, que conferia a um indivíduo, pelo fato de haver nascido em um determinado ponto da escala social e familiar (ser o primogênito de um grupo familiar detentor de certos direitos, por exemplo), o papel de representar uma *linhagem* no exercício de uma função que cabia só a ela (como a função de "Rei de França"). O outro era o princípio de que o poder político derivava diretamente de Deus, e de que somente *Nele* se encontram os limites para seu exercício. Opções, decisões e normas reais estavam sempre sancionadas, porque tinham origem na vontade divina para o estabelecimento da ordem humana. O rei era, assim, *soberano*.

A noção de "poder absoluto do rei" parecia estar firmemente ancorada na realidade. Contudo, o conceito de absolutismo pode ser enganador porque ele tende a derivar de uma *teoria*, uma *prática*, gerando uma visão distorcida sobre aquele mundo. Chamar o Antigo Regime de absolutista pode fazer supor a existência de uma centralização política plena, em que o poder e o controle social eram exercidos de forma vertical e uniforme, sem limites e sobre uma sociedade passiva. Que os monarcas absolutos queriam que assim fosse, não parece existir dúvida. Mas, entre esse desejo e a realidade havia uma distância razoável. No longo processo de centralização política na França, a monarquia buscou concentrar poderes, antes nas mãos da nobreza provincial. Mas limites para o exercício do poder dos monarcas nunca deixaram de existir. A França do século XVIII era uma sociedade ainda profundamente marcada pelo *particularismo*: identidades e lealdades locais limitavam o campo de ação do monarca e se manifestavam também na existência de "direitos particulares" ou *privilégios*, de províncias, cidades ou grupos sociais específicos. Esses *direitos particulares* eram muitos e diversos: desde a isenção de impostos e a autonomia para legislar e exercer a justiça, até o monopólio sobre determinadas atividades profissionais, como as exercidas por artesãos, construtores, padeiros, manufatureiros etc. Baseados no costume e em antigos acordos feitos com a monarquia e fixados em leis, esses privilégios eram percebidos no século XVIII como "liberdades". Exemplo disso era o direito de isenção do imposto territorial (a *Taille*), que valia para a nobreza e para o clero e, em alguns casos, para toda a população de determinadas regiões e localidades. Da mesma forma, o privilégio de legislar concedido a algumas províncias e cidades fez com que, contra os interesses da monarquia, o Reino de França estivesse, ainda nos anos de 1780, longe de ser plenamente centralizado e unificado: não existia, por exemplo, um sistema métrico único e ainda se faziam presentes cerca de 360 códigos de leis e 300 sistemas regionais de tarifas e impostos.

Outro traço decisivo do Antigo Regime era o caráter corporativo e hierárquico de sua organização social. Aquele mundo não se pensava ou não concebia a sociedade como algo composto por indivíduos autônomos, mas por grupos (relativamente) estáveis e, excetuando-se o clero, hereditários. Ele funcionava como se o fato de pertencer a algum desses grupos definisse os limites e as possibilidades de um indivíduo. O mundo do Antigo Regime era ordenado pela ideia de que as pessoas eram desiguais e que isso deveria se expressar em desigualdade perante a lei. Por exemplo, havia cargos e funções civis ou militares que eram por lei destinados exclusivamente aos nobres.

O tipo de sociedade então vigente, que os franceses chamavam de *sociedade de ordens* ou de *Estados*, era segmentado em três grandes grupos estáveis, ou três Estados: o primeiro era o clero, o segundo a nobreza. Os plebeus, que não eram nem nobres nem membros do clero, compunham o Terceiro Estado.

Contudo, os Estados não eram grupos homogêneos e, menos ainda, "classes sociais" definidas pela posse de riquezas ou pela relação de seus membros com os meios de produção: em cada um dos três Estados existiam ricos e pobres, proprietários e não proprietários.

O Terceiro Estado, por exemplo, abarcava desde ricos mercadores, financistas e industriais até camponeses proprietários de suas terras e trabalhadores pobres urbanos e rurais, despossuídos. Dele também faziam parte os setores médio-urbanos, chamados então, propriamente, de "burgueses": juristas, funcionários do Estado, intelectuais, artesãos, publicistas, comerciantes, dentre outras pessoas que, como era típico no Antigo Regime, buscavam ascender socialmente por meio de seu ingresso na nobreza. Ao adquirir títulos de nobreza, seja por meio da compra, seja por intermédio de uma concessão real em reconhecimento de serviços prestados na burocracia do Estado, determinados indivíduos mudavam de *ordem* e passavam a constituir um tipo particular de nobreza, a chamada "nobreza de *robe*". (Nesse sentido, a nobreza era não somente uma *ordem*, era também *um projeto*.)

Reagindo a esse processo cada vez mais acelerado de ampliação do tamanho do Segundo Estado, a chamada "nobreza de espada", composta pelas antigas famílias associadas a uma função militar ou a direitos feudais sobre seus domínios, passou a pressionar para que a monarquia limitasse cada vez mais a concessão e a venda de títulos de nobreza a plebeus, diminuindo, portanto, as chances de ascensão social.

É contra esse mundo de ordens, hierarquizado, marcado pela desigualdade civil e com limites cada vez maiores à ascensão social por meio da aquisição de títulos de nobreza que se desenvolveram na Europa projetos alternativos de sociedade, alguns dos quais se concretizam, pela primeira vez, com a Revolução Francesa.

* * *

Os combustíveis que se combinaram para produzir a explosão do verão de 1789 se tornam visíveis no desenrolar da crise financeira do Estado francês dos anos de 1780, que o impedia de custear seu funcionamento, as despesas da corte e de pagar suas dívidas.

Em 1787, o ministro das finanças, Charles-Alexandre de Calonne, enfrentou o esgotamento do crédito do governo e propôs um conjunto de reformas como meio de aumentar a arrecadação; uma delas previa cobrar de *todos* os proprietários o imposto sobre a terra. Mas isso esbarrou na resistência obstinada de regiões e de grupos sociais que gozavam do privilégio da isenção.

E a recusa, ao contrário do que possa parecer, não tinha razões exclusivamente econômicas. Um imposto igual para todos os proprietários de terra dissolveria as distinções atribuídas pelos diferentes títulos, em especial aquela entre nobres e plebeus, e apagaria direitos tradicionais das províncias isentas. Isso significa que ele tocaria de forma decisiva nos privilégios e nos próprios fundamentos da estrutura hierárquica constitutiva da sociedade de ordens.

De diversas partes do país, tanto de assembleias e das cortes de justiça provinciais (os *Parlements*), compostas principalmente por nobres, quando daquelas convocadas pelo monarca, a resistência ganha a forma de uma exigência ao rei: a convocação dos *Estados Gerais* para deliberar sobre os problemas financeiros do reino.

Os Estados Gerais eram uma assembleia tipicamente medieval, convocada pelo rei e organizada por meio da representação dos três Estados. Os Estados Gerais não eram convocados desde 1614, a partir de quando foi progressivamente retirada da nobreza provincial a possibilidade de interferir nos processos decisórios de um reino que buscava centralizar-se politicamente. A convocação dos Estados Gerais voltaria a dar voz à nobreza na tomada de decisões, o que não agradava propriamente ao rei *absoluto* Luís XVI.

Porém, sem força para se impor à nobreza, o monarca capitula e, em 5 de julho de 1788, é anunciada a convocação dos Estados Gerais para maio de 1789.

Essa foi uma vitória de uma nobreza que se via como cada vez mais potente frente a uma monarquia cada vez mais frágil. A exigência da convocação dos Estados Gerais, ponto culminante de processo de reação da nobreza contra a monarquia absolutista, correspondia ao desejo dos nobres de reconquistar "liberdades" e poderes perdidos no longo processo de centralização política e burocratização do reino da França, em especial sob o reinado de Luís XIV. O fato de Luís XVI ter sido levado a convocar os Estados Gerais abalou a posição e a autoridade do rei como *monarca absoluto.* Nesse processo, a monarquia foi encurralada por forças conservadoras em sentido estrito. A convocação dos *Estados Gerais,* primeira fissura significativa no edifício do absolutismo, foi obra de uma nobreza ansiosa por retornar ao passado e não para produzir algo novo.

Mas os movimentos de resistência à monarquia não vinham somente da nobreza. À crise política se somava uma aguda crise social, traduzida nas dificuldades crescentes de trabalhadores urbanos e camponeses pobres em uma conjuntura de subida geral de preços.

Em 1788, movimentos de protesto foram alimentados por uma colheita verdadeiramente catastrófica e pela grande alta do preço do pão, que, de finais de 1788 a princípios de 1789, quase dobrou em Paris. Parte central da dieta alimentar de milhões de trabalhadores, o pão consumia, em tempos normais, algo como 50% dos ganhos dos trabalhadores, chegando, em momentos de crise, a até 80%. E isso, não raro, significava fome, sendo um termômetro para tensões sociais.

A variação de preço dos alimentos foi responsável por revoltas populares periódicas entre os anos de 1775 a 1787. Em finais de 1788 e princípios de 1789, os distúrbios e protestos se dão justamente durante a mobilização da sociedade francesa para a eleição dos representantes que comporiam os Estados Gerais. Toda essa efervescência fez com que a monarquia e a própria sociedade fossem avaliadas e possibilitou o surgimento de novos projetos de futuro.

DOS ESTADOS GERAIS À ASSEMBLEIA NACIONAL: A REVOLUÇÃO DE 1789

As eleições se deram, seguindo um procedimento tradicional, em assembleias separadas de cada um dos Estados organizadas nos distritos eleitorais. Além da eleição de seus representantes, essas assembleias redigiriam listas de "desejos" e de "reclamações" a serem apresentadas ao rei e para subsidiar os trabalhos dos Estados Gerais. Essas listas constituíram os famosos *Cahiers de Doléances* (Cadernos de Queixas), que expressavam as projeções que cada uma das ordens fazia para o futuro da França. Nos cadernos, independentemente do Estado que os redigiu, é frequente o apoio às ideias de limitar os poderes do rei e de realizar reformas administrativas e fiscais. Mas reivindicações relativas à igualdade civil e abolição de privilégios aparecem quase somente nos cadernos do Terceiro Estado. E isso se explica com alguma facilidade: é dessa ordem que se originam as pressões para a supressão dos monopólios da nobreza e dos limites, antigos e recentes, estabelecidos para a ascensão social.

Nos meses que antecederam a instalação dos Estados Gerais, uma verdadeira avalanche de panfletos, brochuras e jornais inundou o espaço público francês com ideias que podem ser debitadas do pensamento liberal europeu. Em alguns casos mais radicais, essas ideias colocavam em questão a lógica mesma pela qual a sociedade de ordens se edificava, permitindo que *essa crise* instalada ganhasse contornos distintos das crises anteriores.

Uma das ideias mais impactantes nesse momento é a noção de *humanidade*, que sugere que há nos seres humanos algo que os faz, por natureza, iguais. Isso tem um efeito corrosivo para os fundamentos de uma sociedade de ordens que se baseia justamente na ideia de que o nascimento atribui qualidades distintas aos indivíduos, dependendo do grupo do qual façam parte e de sua herança familiar. A partir da noção de humanidade, deixa de haver na natureza algo que justifique que uma comunidade não seja uma associação de indivíduos *iguais* e *livres*, capazes de decidir as "leis comuns" sob as quais querem viver. E isso fundamenta a ideia de que um *governo* é o resultado de uma *concessão* do direito de, em *nome da comunidade e com base em uma Constituição*, cumprir funções que garantam o bem comum, a proteção da vida, da liberdade e da propriedade. Assim, o que passa a dar legitimidade ao exercício do poder é a comunidade, que elege seus representantes para governá-la, e não mais Deus.

Ideias como essa colocam em questão o próprio princípio de legitimidade que sustenta a ordem política do Antigo Regime e são defendidas, ainda que com ênfases distintas, por pessoas das três ordens, mas em especial por membros do Terceiro Estado, com destaque para juristas, intelectuais e publicistas.

Feita em 1789, esta charge de um artista anônimo
indica o sentimento de surpresa e mesmo de assombro do clero
e da nobreza ao verem o "despertar do Terceiro Estado"
(na tradução da inscrição na imagem),
no momento em que, ao fundo, a Bastilha é atacada.

Um texto muito influente nesse momento foi publicado em janeiro de 1789 por um membro do clero que havia sido vigário-geral de Chartres e, a partir de 1787, conselheiro da Câmara Superior do Clero: o abade de Sieyès. Ele já havia conquistado alguma atenção ao publicar dois escritos nos quais atacava os privilégios da nobreza, mas foi com seu famoso *Qu'est-ce que le tiers état?* (*O que é o Terceiro Estado?*), de janeiro de 1789, que Emmanuel Sieyès se tornou uma referência.

O QUE É O TERCEIRO ESTADO? (1789)

[...] Não é possível encontrar um lugar para colocar a casta dos nobres entre as partes elementares de uma nação. [...] Por suas prerrogativas civis e públicas, a ordem nobre é estranha em nosso meio. [...]

Não é certo que a ordem nobre tenha privilégios, isenções, até mesmo direitos distintos dos direitos do grande corpo dos cidadãos? Com isso, ela se coloca fora da ordem comum, fora da lei comum. Assim, seus direitos civis já fazem deles um povo à parte na grande nação. [...]

O Terceiro Estado abrange tudo o que pertence à nação; e tudo o que não é o Terceiro Estado não pode se considerado parte da nação. O que é o Terceiro Estado? Tudo. [...]

Há que se entender por Terceiro Estado o conjunto dos cidadãos que pertencem à ordem comum. Tudo o que é privilegiado pela lei, não importa de que maneira, está fora da ordem comum, é uma exceção à lei comum, e, portanto, não pertence ao Terceiro Estado. [...]

É certo que a partir do momento em que um cidadão adquire privilégios contrários ao direito comum, ele não é mais parte da ordem pública. Seu novo interesse se opõe ao interesse comum; ele não tem o direito de votar pelo povo.

Fonte: SIEYÈS, Emmanuel. *Qu'est-ce que le tiers état? Précédé de L'Essai sur les privilèges.* Paris: Société de L'Histoire de la Révolution Française, 1888, pp. 31-4. Tradução nossa.

No inverno de 1788-1789, a soma de uma aguda crise financeira com uma crise social, em um ambiente tomado por ideias que colocam em xeque a ordem social e política existentes, produz o efeito poderoso de expandir progressivamente os limites daquilo que seria aceitável *reformar* e mesmo de como fazê-lo. E seus efeitos foram rapidamente sentidos.

Durante o processo eleitoral, vieram, do Terceiro Estado, pressões para que se rompesse com a tradição: essa ordem queria ter o mesmo número de representantes das duas outras ordens somadas (1/2) e exigia que a deliberação se desse por meio de votação individual em uma única assembleia. Pela tradição, cada um dos três Estados deveria ter o mesmo número de representantes (1/3) e o processo deliberativo deveria se dar por meio de reuniões separadas que apresentariam, no final, um voto por Estado, garantindo que clero e nobreza, juntos, estivessem sempre em maioria.

O rei cedeu parcialmente às pressões do Terceiro Estado e, em novembro de 1788, dobrou sua representação. Com isso, a eleição resultou em uma composição da Assembleia que animou os reformistas: dos 291 membros do clero, menos de 1/3 era oriundo dos altos escalões da Igreja; dos 270 representantes da nobreza, somente 2/3 vinham da tradicional "nobreza de espada", restando 1/3 do qual saíram muitos dos nobres que se posicionariam a favor de reformas liberais; dos 578 representantes do Terceiro Estado, perto de 90% advinham dos setores médio-urbanos (em especial advogados, publicistas, mestres artesãos, comerciantes, rentistas) ou eram pequenos e médios proprietários rurais, grupos em que o apelo reformista era mais profundamente enraizado e mais amplo.

Mas, no momento da abertura dos trabalhos dos Estados Gerais, em 4 de maio de 1789, o rei anunciou que as reuniões separadas e o voto por Estados seriam mantidos, o que gerou uma reação inesperada do Terceiro Estado: o boicote à instalação dos Estados Gerais até que todos os representantes eleitos pudessem se reunir em uma única câmara e que a votação fosse "por cabeça". No dia 13 de junho, alguns membros do baixo clero deixaram sua assembleia para juntar-se à do Terceiro Estado e, quatro dias depois, com alguns poucos nobres também se unindo aos plebeus, a câmara do Terceiro Estado se autodeclarou Assembleia Nacional.

Após tentativas frustradas de se impor, Luís XVI recuou mais uma vez e reconheceu a Assembleia Nacional, legalizando-a como Assembleia Constituinte soberana, convocando as outras duas ordens a compô-la.

Ao instalar-se como Assembleia Nacional e assumir funções legislativas por conta própria, o Terceiro Estado provocara uma primeira ruptura institucional fundada em um princípio de legitimidade absolutamente estranho àquele do Antigo Regime. Pelo ato mesmo de reconhecê-la, o rei deu o segundo passo no sentido de pôr fim ao chamado absolutismo na França.

Mas a intransigência da nobreza e do rei geraria uma radicalização revolucionária inesperada. Com a expectativa de logo dissolver os Estados Gerais, Luís XVI convocou tropas para as cercanias de Versalhes e de Paris, o que produziu uma situação insurrecional na já agitada Paris, onde membros do Terceiro Estado começavam a se armar para resistir ao que parecia ser um golpe da aristocracia contra as reformas.

Entre 12 e 13 de julho, a população de Paris se insurge. Um comitê passa a funcionar como uma instância de poder para a cidade e, para conter as pilhagens, forma-se uma *Guarda Nacional*, entregue ao comando do marquês de Lafayette, um nobre de ideias liberais e herói da Guerra de Independência das colônias na América do Norte.

Buscando armas e munição em prédios públicos, insurgentes chegam, em 14 de julho, à Bastilha, uma fortificação usada como prisão pela monarquia. Sua invasão, devido à recusa da guarda a entregar as armas, gerou um dos episódios simbolicamente mais representativos do processo revolucionário. Ainda que a prisão não tivesse mais importância para a monarquia (só sete presos eram mantidos lá), ela continuava a ser era um símbolo do arbítrio do regime.

O comitê e a Guarda Nacional tomam o controle da cidade e, mesmo sem ter pensado especificamente nisso, salvam a Assembleia Nacional. Luís XVI recua, dispensa as tropas e reconhece a legitimidade do poder erguido em Paris.

Notícias sobre os acontecimentos em Paris se espalham em ritmo e com cores diferenciados por toda a França. Ainda em julho, rumores de um "complô da nobreza contra o povo" estimulam insurreições camponesas que culminam com a invasão de castelos, abadias e cartórios. A inesperada revolta camponesa produziu um clima de insegurança que foi chamado de o *grande medo,* que, por sua vez, provocou outra mudança imprevista no rumo das coisas.

Em face da revolta no campo e das tensões em Paris, um grupo grande de constituintes reunidos em Versalhes se apressa em dar uma resposta para os revoltosos e aprova, entre 4 e 11 de agosto, uma série de decretos que desmontam integralmente o regime feudal, a venalidade dos cargos públicos e os privilégios fiscais.

Os decretos suprimem as relações de servidão, a obrigatoriedade do dízimo para a Igreja, as jurisdições e cortes feudais e os privilégios senhoriais. Posteriormente, são extintos as ordens (novembro) e o caráter hereditário dos títulos de nobreza (junho de 1790), o que acaba com o que resta da estrutura social do Antigo Regime.

Diante de uma revolta social de dimensões inesperadas, a Assembleia Nacional promove uma nova ruptura jurídica e se lança nos debates para redigir a primeira Constituição francesa. Seus fundamentos são expressos em uma declaração de princípios: a Declaração de Direitos do Homem e do Cidadão, finalizada em 26 de agosto. Os direitos *universais* do homem – "naturais, inalienáveis e sagrados" – são a liberdade, a segurança, a propriedade e a resistência à opressão. As liberdades de expressão, de religião e de imprensa são agora declaradas invioláveis, e aos cidadãos é assegurado o tratamento igualitário pela justiça.

A Declaração está estreitamente ligada à experiência de uma sociedade de ordens e de uma monarquia absoluta. Ela é a expressão de um dos mais fortes ímpetos do processo revolucionário: a *negação do passado*, mais do que da construção de *um* só futuro, almejado igualmente por todos os deputados que a aprovaram.

Os novos decretos e a Declaração acabam provocando uma primeira grande divisão na Assembleia entre os chamados *noirs* (pretos), especialmente membros da nobreza provincial e do alto clero, defensores do Antigo Regime com suas hierarquias e privilégios, e aqueles que querem se ver livres dele, os "patriotas". Estes constituem um campo político socialmente heterogêneo, composto por pessoas que haviam se reunido em função de um inimigo comum; conta com cerca de 800 deputados, originários das três ordens, especialmente do Terceiro Estado. Ser patriota entre 1788 e 1789 é ser contra o absolutismo e os privilégios do Antigo Regime.

Essa divisão se expressa nas discussões específicas em torno do problema da soberania. A questão nevrálgica é a de definir quem teria o atributo da soberania, o rei ou a Assembleia. Com isso, ganha adeptos o princípio de que o povo, detentor da soberania nacional, por meio de seus representantes, delegaria ao monarca o exercício do poder executivo. O rei teria, no máximo, o poder de veto suspensivo sobre as leis aprovadas. Os defensores dessa ideia acabam se sentando do lado *esquerdo* da sala em relação à mesa do presidente. Os que se sentam do lado *direito* da mesa defendem que o rei, mesmo submetido a uma Constituição, é a origem da soberania, tendo, portanto, a prerrogativa de propor leis à Assembleia. É a partir desse momento que os termos *direita* e *esquerda* passarão a ser utilizados como formas de identificação de tendências políticas no mundo contemporâneo. (As nomenclaturas não são esquecidas de um momento para outro, os termos têm vida longa e não são intercambiáveis, assim, por exemplo, existiam "patriotas" de um lado, na *esquerda,* e de outro, na *direita.*)

Os *do lado direito* são finalmente derrotados em uma votação em que a monarquia constitucional é instituída – nesse regime, o poder de governar é concedido pela Assembleia ao rei que, sem poder de legislar, passa a ser um monarca fraco.

Mas, como vimos, em cada um desses dois lados em disputa no cenário político francês havia diferenças e matizes. Essas distinções ganharam corpo por meio de grupos institucionalizados, chamados de *clubes políticos.*

Talvez o mais conhecido desses grupos tenha sido a Sociedade dos Amigos da Constituição. Fundada já no início do processo revolucionário em 1789, agregava quase todos os "patriotas". Esse grupo fazia suas reuniões em Paris, no Convento Jacobino, de onde derivou o nome que o tornaria famoso: Clube Jacobino. Mais do que qualquer outro grupo organizado, os jacobinos acabaram crescendo de forma surpreendente, espalhando núcleos de seu clube por toda a França, reunindo todas as figuras de destaque do campo patriota – nobres, clérigos e plebeus oriundos em especial de setores médio-urbanos –, indo dos mais moderados monarquistas constitucionais aos democratas radicais. Mas o Clube Jacobino logo se dividiu em novos grupos, em especial quando os princípios gerais e universais contidos na Declaração precisaram ser transformados em leis.

Nos debates, vozes sugeriram que o caráter inviolável e universal da Declaração não deveria ser levado muito a sério. De fato, no texto constitucional aprovado em 1790 e em vigor a partir de 1791, esses princípios foram aplicados só parcialmente. Por um lado, o princípio da igualdade produziu efeitos duradouros, tendo a nobreza perdido o monopólio de acesso aos altos postos militares e da burocracia do Estado, e os senhores do comércio, das indústrias e das manufaturas perderam seus monopólios e privilégios. Mas, por outro, quando se tratou de considerar a igualdade civil, o princípio foi aplicado somente a alguns homens.

Contra a amplitude dos princípios firmados na Declaração, muitos membros da Assembleia levantaram a bandeira de que os direitos políticos não deveriam ser iguais para todos. Adepto dessa posição, Emmanuel Sieyès, o mesmo que havia defendido que o Terceiro Estado deveria ser tudo na França, recua em suas ideias e propõe uma definição de "associação política" menos abrangente que aquela que envolveria "todos os cidadãos". Para ele, "todos podem desfrutar dos benefícios da sociedade; mas só os que contribuem com o estabelecimento público são acionistas reais do grande empreendimento social. Só eles são os verdadeiros cidadãos ativos, os verdadeiros membros da associação".

Contra a oposição francamente minoritária de alguns dos membros democratas da Assembleia que defendiam o princípio do *sufrágio universal* (mas só masculino!), ficou estabelecido que o direito ao voto (ser eleitor) e o direito a ser votado (ser elegível) dependiam da *competência* para o seu exercício, o que seria demonstrado pela riqueza pessoal medida pelo imposto pago: não possuíam direitos políticos e, portanto, não poderiam ser nem eleitores nem elegíveis todos os empregados domésticos e os cidadãos que não pagassem um imposto equivalente a três jornadas de trabalho de um operário. Estes foram chamados de *cidadãos passivos*. Entre a fatia mais rica da população, os *cidadãos ativos*, havia ainda outra divisão: só os que pagassem impostos por propriedades equivalentes a um valor de entre 100 e 200 jornadas de trabalho poderiam ser eleitos. Estes eram os eleitores de segundo grau. Já os eleitores de primeiro grau só poderiam votar, sem, contudo poder ser votados.

Com isso, são separados os direitos civis dos direitos políticos, indicando que o mundo da política não seria para todos os homens.

O princípio da igualdade civil também não foi diretamente aplicado aos que não professavam o catolicismo, que, durante o Antigo Regime, estavam submetidos a leis distintas. O princípio foi estendido aos cristãos não católicos, mas os judeus não assimilados precisaram esperar um pouco mais para conquistá-la.

Destaque maior teve o debate sobre a igualdade civil entre negros e brancos e o problema da escravidão nas colônias que, após debates acalorados, foi recusada, mantendo o sistema colonial intacto. A escravidão colonial só seria abolida em 1794, durante o período chamado de "República Jacobina".

A decisão menos polêmica com relação à igualdade civil foi a de que ela não se estenderia às mulheres. Para quase todos (senão todos) os constituintes, um lugar para a mulher diferente daquele socialmente sancionado pelo Antigo Regime não fazia parte das novidades que deveriam compor uma nova França. Um dos democratas radicais que assina simplesmente como "Cidadão Poitevin" encerra as suas *Máximas para as jovens cidadãs* com as virtudes recomendáveis às mulheres: seja "esposa fiel e mãe tenra, se você espera ser respeitada e querida [...]; que o cuidado com a sua casa a ocupe constantemente, e você será o charme da vida do homem que a possuirá, e você fará a sua própria felicidade". Nenhuma palavra sobre a participação da mulher no espaço público.

Com tudo isso, muitos dos deputados superaram o desconforto com a ideia de que todos gozariam da possibilidade de interferir nos destinos do país da mesma forma.

Em meio a essa relativização dos princípios expressos pela Declaração, em 1790 surge outro grupo político, que apostava em mudanças mais profundas, de caráter democrático: o Clube dos Cordeliers. Ligado aos trabalhadores urbanos pobres, o grupo aceitava como membros não somente os cidadãos passivos, como também as mulheres. Entre suas figuras de destaque havia intelectuais e advogados, mas o Clube dos Cordeliers se tornou conhecido pela mobilização dos chamados *sans-culottes* (literalmente: sem culotes), nome que deriva das roupas que usavam: ao contrário da nobreza, que usava *culottes*, calças até o joelho, esse grupo, formado por trabalhadores urbanos, artesãos, pequenos comerciantes, usava calças compridas. Os *sans-culottes* vão desempenhar um papel decisivo no processo revolucionário, tendo protagonizado as insurreições contra o rei, a monarquia e os revolucionários mais moderados de 1789 a 1792, bem como a luta pelo estabelecimento do Terror em 1793.

O FIM DA MONARQUIA CONSTITUCIONAL E A REPÚBLICA

O sistema monárquico construído pela Constituição de 1791 tinha muitos inimigos e fragilidades importantes.

Externamente, as monarquias europeias passaram a se defrontar com o fato de que a revolução na França havia dado certo. Ainda que tenha havido levantes antiabsolutistas nos anos 1780 na Holanda, na Suíça e na Irlanda, eles foram sufocados com relativa facilidade por terem sido minoritários.

A revolução na França, ao contrário, se baseou em um amplo consenso inicial e foi se radicalizando progressivamente a ponto de dissolver a sociedade de ordens no país. Na época, esse mesmo tipo de sociedade ainda sustentava os outros sistemas políticos europeus, assim, as monarquias europeias, olhando para os seus cenários domésticos, viram a Revolução Francesa como ameaça.

Dentro da França, a nova monarquia constitucional era recusada por uma parcela significativa de nobres que lutavam contra a revolução e pelo próprio rei. Luís XVI nunca deixara de lado a ideia de fugir da França e, com apoio de potências aliadas, voltar ao país para reocupar o seu lugar como monarca absoluto. Em 20 de junho de 1791, seu plano de fuga é executado e ele sai de Paris, deixando um manuscrito em que renegava a Constituição a que prestara juramento e prometia a "restauração da ordem". No dia seguinte, o rei é reconhecido em um posto de fronteira em Varennes e levado de volta, sob escolta.

Isso comprovou os boatos de que o rei conspirava com potências estrangeiras e com a nobreza *noir* para restaurar o absolutismo na França. A fuga foi vista ainda como um sinal de que a guerra estava próxima, provocando uma onda de alistamento voluntário à Guarda Nacional e uma ampla revolta popular contra o rei.

A ameaça de guerra e a traição do rei marcam o momento de uma nova e inesperada guinada no processo revolucionário.

Das centenas de seções regionais da Sociedade dos Amigos da Constituição (o Clube Jacobino) veio a exigência de que a Assembleia deveria agir de forma enérgica contra o rei e os nobres e resolver a contradição de haver um sistema monárquico constitucional combatido pelo próprio rei. E isso significava, na prática, abolir a monarquia.

A tensão no ambiente político cresce com a decisão da maioria dos deputados que desejam conter o ímpeto republicano de manter a monarquia constitucional e absolver o rei da acusação de traição. Mesmo que o rei não possa deixar Paris, ele reassume legalmente as suas funções.

No dia seguinte, em 17 de julho de 1791, uma manifestação popular em Paris contra o rei é duramente reprimida pela Guarda Nacional, resultando na morte de dezenas de manifestantes. Esse fato radicalizou e solidificou as divisões do campo revolucionário.

Com o crescimento da agitação republicana, a maior parte dos deputados do Clube Jacobino tomou a iniciativa de sair e construir um novo grupo político, que passou a se reunir no Convento dos Feuillants, em Paris. Chamado de Clube dos Feuillants, esse grupo de liberais e firmes defensores da monarquia constitucional era composto somente por cidadãos ativos, em especial por nobres e por plebeus que pagavam os impostos mais altos.

Essa nova configuração dos campos políticos produz efeitos visíveis já em setembro, quando a Assembleia Nacional encerra o seu mandato e se abrem eleições para uma nova legislatura. Nesse clima, os monarquistas *noires* são pouco votados e, assim, varridos da nova Assembleia Legislativa eleita em setembro de 1791. Mas os *feuillants* acabam bem representados: pouco mais de 35% dos deputados eleitos eram desse clube, contra pouco mais de 18% dos jacobinos.

Essa legislatura, com uma maioria de deputados moderados, enfrentaria a radicalização da política que toma conta da França em razão da guerra com outros países, e sua configuração se alteraria de forma decisiva nesse processo.

Já em agosto, a suspeita de uma conspiração internacional contra a França se firma com uma conferência na cidade de Pillnitz, da qual participam Frederico Guilherme, rei da Prússia, e Leopoldo II, imperador do Sacro Império Romano Germânico, rei da Áustria e irmão da rainha Maria Antonieta, além de nobres franceses emigrados e de outros príncipes alemães. Dessa conferência sai a Declaração de Pillnitz, na qual os monarcas declaram à Assembleia Nacional francesa que estão dispostos a ir à guerra contra a França para restabelecer os direitos do rei Luís XVI.

A agitação em torno da questão da guerra atravessa o espectro político e o tema ocupa a Assembleia Legislativa até o dia 20 abril de 1792, quando a declaração de guerra à Áustria é aprovada quase por unanimidade, trazendo também a Prússia para o conflito.

A guerra terá um papel decisivo no processo político francês. Por um lado, ela será responsável pelo crescimento da tensão social, gerando aumento de preços, desvalorização da moeda e falta de abastecimento, o que atinge de forma particular os mais pobres. Por outro, a agitação pública em torno da suspeita de que o monarca colaborava com o inimigo ecoará nos setores populares mais radicalizados da capital, em especial entre os *sans-cullotes*. Nesse momento, três eventos radicalizam o processo político e contribuem para a perda de legitimidade do monarca.

O monarca, lançando mão de um preceito constitucional, demite o ministério composto por jacobinos moderados e coloca um veto suspensivo a três decretos de segurança aprovados pela Assembleia, os quais buscavam garantir a defesa de Paris, diminuir a agitação contrarrevolucionária e impedir um eventual golpe de Estado. Para pressionar o monarca a aceitar os decretos, em 20 de junho de 1793, uma multidão invade o Palácio das Tulherias, mas o rei não volta atrás em seu veto.

Ainda em julho, os protestos populares se radicalizam graças a um manifesto assinado pelo duque de Brunswick, comandante das tropas aliadas. O manifesto diz que o objetivo da aliança entre Áustria e Prússia é o de "libertar o rei, a rainha e a família real da prisão" e permitir que "voltem a trabalhar para o bem de seu povo". Além disso, o texto ameaça de forma direta o povo de Paris: caso "a mínima violência seja praticada" contra a segurança e o bem-estar do monarca e de sua família, "as suas majestades declaram, com suas palavras de honra como imperador e como rei [...] que vão impor uma vingança memorável à cidade de Paris, deixando-a para a execução militar de sua completa destruição". Escrito no dia 25 com o objetivo de intimidar, o Manifesto de Brunswick tem o efeito contrário. Circulando na imprensa parisiense já em 28 de julho, ele incendeia os ânimos.

Com o avanço dos exércitos estrangeiros, as instituições do absolutismo são paulatinamente reinstituídas na França ocupada, deixando um rastro de execuções e de violência generalizada. As notícias de que o inimigo se aproximava de Verdun, último ponto de resistência fortificada antes de Paris, geram uma enorme mobilização e inicia-se a convocação em massa para reforçar o exército sob a declaração da Assembleia de que "a pátria estava em perigo".

Nesse contexto, é colocada em movimento, mais uma vez, uma espiral revolucionária que tem como motores a pressão exercida pelos *sans-culottes* para a derrubada da monarquia e o medo que se instala na cidade.

Na noite de 9 para 10 de agosto de 1792, uma multidão se dirige ao Palácio das Tulherias e obriga a família real a buscar refúgio junto à Assembleia Legislativa. O Palácio é invadido e pilhado, deixando um rastro de cerca de mil mortos entre guardas e manifestantes.

No mesmo dia 10, a Assembleia Legislativa, pressionada pelos insurretos e reduzida pela fuga da maior parte dos moderados, suspende o rei e convoca eleições para uma Convenção Nacional a ser eleita por sufrágio universal masculino. Essa convenção deveria tomar a decisão final sobre o futuro do rei e sobre o sistema político a ser adotado no país, materializado em uma nova Constituição. Com isso se desenha uma "nova Revolução Francesa".

A PRIMEIRA EXPERIÊNCIA REPUBLICANA: A CONVENÇÃO

As eleições aconteceram em setembro, sob a sombra das derrotas sequenciais do Exército francês e do medo gerado pelo avanço aparentemente inexorável do inimigo em direção de Paris.

A composição social dos membros da nova Assembleia não muda tanto em relação às anteriores: predominam os setores médio-urbanos, com destaque para os advogados, que representam em torno de 1/3 dos deputados. Mas em termos políticos, essa foi a Assembleia mais republicana que a França teve até então, com um número maior de democratas entre os deputados e com predominância dos membros do Clube Jacobino.

Inicialmente, a *Convenção* foi uma assembleia dominada pelo jacobinismo moderado, tendência defendida por muitos deputados da região de Bordeaux (Gironda), denominados "girondinos". Com o tempo, entretanto, esses moderados foram perdendo espaço político para os mais radicais, partidários de uma república amplamente democrática. Esses radicais – entre eles havia tanto membros do Clube Jacobino quanto do Clube dos Cordeliers – foram chamados de "montanheses" (por se sentarem nas cadeiras localizadas na parte mais alta da assembleia, a Montanha). Mesmo minoritários no início, os montanheses ampliaram sua influência ao longo da legislatura.

A maioria dos membros da Assembleia era composta por deputados "não alinhados", os da chamada "Planície" (por situar-se entre a Gironda e a Montanha), que, em momentos distintos, pendiam para um lado mais que para outro e seriam, no final, o fiel da balança nos processos decisórios da Convenção.

A Convenção Nacional se reuniu no dia 20 de setembro e suas primeiras ações foram abolir a monarquia (dia 21) e fundar a república (no dia 22, data que passou a marcar o início de um *novo tempo*: foi considerado o dia 1º do Ano I da Era dos Franceses, fixado em um novo calendário que passaria a ser adotado na França).

Com a monarquia desfeita, restava tratar da sorte de Luís XVI. E aqui os acontecimentos se precipitam. No dia 20 novembro de 1792, quando a Convenção ainda debatia sobre se o rei deveria ser julgado ou não, descobre-se no Palácio das Tulherias um armário de ferro secreto onde o rei escondia escritos e correspondências. Nele, estavam as evidências do contato regular e do envio de informações do rei às potências inimigas. Com isso, muitos deputados passaram a defender que também sobre o rei deveria pesar a pena que se aplicaria a qualquer cidadão em uma situação semelhante: a morte por traição em tempos de guerra.

O julgamento do rei polarizou a Convenção. Mas não pela caracterização da culpa: dos 721 deputados, 691 o consideraram culpado. O que dividiu os deputados foi a discussão sobre pena a ser aplicada: para os girondinos, a prisão; para os montanheses, a pena de morte. No dia 18 de janeiro de 1793, por 361 votos a 360, Luís XVI foi condenado à morte e, no dia seguinte, guilhotinado.

A morte de Luís XVI é uma declaração de princípios de uma parte dos membros da Convenção e radicaliza mudanças, de alguma forma, em curso. Por um lado, promove o rompimento permanente no campo republicano entre girondinos e montanheses. Por outro, reaviva a contrarrevolução e o ímpeto das monarquias europeias de marcharem contra a França revolucionária.

Poucos dias depois, forma-se a Primeira Coalizão, uma união de países contra a França, com a Inglaterra e a República Holandesa entrando na aliança com Áustria e Prússia. Em seguida, Rússia, Espanha e Reino do Piemonte juntam-se à coalizão.

Além de administrar os problemas da guerra, a Convenção enfrenta revoltas contrarrevolucionárias. Em muitas regiões do país, os camponeses se levantam contra um decreto editado pela Convenção em março que convocava 300 mil recrutas para o Exército. Porém, na Vendeia, o levante dos camponeses contra a conscrição encontra um ambiente marcado pela agitação contrarrevolucionária e, com apoio de monarquistas, ganha o caráter de uma insurreição antirrepublicana com a formação de um "Exército católico e real".

A crise interna é exacerbada com a luta travada contra os girondinos na Convenção. Acusações de "traição girondina" circulavam desde o assassinato do rei e culminam, em 2 de junho, com a prisão de 29 deputados girondinos. Esse episódio marca sua queda como grupo político e coloca fim ao período conhecido como "Convenção Girondina".

Nos departamentos (que eram as 83 áreas administrativas que resultaram do desmembramento ou reunião das antigas províncias do reino), o golpe dos demais deputados contra os girondinos eleitos, protegidos por imunidade parlamentar e, ainda assim, expurgados, gerou várias formas de resistência contra Paris, quase todas exigindo maior autonomia departamental (*federalismo*). Em alguns casos, a resistência assumiu a forma de levantes locais (como o ocorrido na Normandia) ou da formação de exércitos para enfrentar a Convenção (como em Bourdeaux e Marselha), mas que não foram muito longe.

Em seu ponto culminante, a situação de guerra civil envolveu mais da metade dos departamentos franceses, que, por um motivo ou por outro, confrontam a Convenção, justamente em tempos de agressão externa.

Nessa conjuntura, a Convenção realiza sua segunda obra emblemática: a Constituição do Ano I, promulgada em junho de 1793 e ratificada em um plebiscito em princípios de agosto.

Mais uma vez, a Constituição é precedida por uma Declaração de Direitos do Homem e do Cidadão, que inova ao declarar ser a *felicidade comum* o propósito de toda vida em sociedade (art. 1º). Da mesma forma, a *igualdade* tem aqui um lugar de destaque. Ela é não somente o primeiro dos direitos afirmados (seguido da liberdade, da segurança e, só no final, da propriedade), como também corresponde a uma *noção* ampliada: à igualdade civil de 1789 se soma agora a ideia de *igualdade natural* dos homens. É dessa novidade que se extrai a concepção de que as desigualdades são geradas pela vida social e não pela natureza ou por vontade de Deus. Isso justifica que o Estado intervenha para garantir a *igualdade de condições* a todos os cidadãos, o que inclui diminuir as desigualdades socialmente produzidas, garantindo a todos os cidadãos o "direito à assistência pública", o "direito ao trabalho" (art. 21), o "direito à educação" (art. 22) e matizando o direito de propriedade, que deve estar sujeito ao interesse público (art. 19). A nova Constituição institui o sufrágio universal masculino, consagra a ideia de *soberania popular* (arts. 23 e 25) e proclama a insurreição não somente como um direito sagrado e inalienável, mas também como um *dever indispensável* contra um governo que viole os direitos de seus cidadãos (art. 35).

A Constituição traz grandes inovações democráticas para o Estado e para a relação deste com a sociedade. Ela foi, de fato, a Constituição mais democrática que a França jamais teve e se tornou referência para muitos movimentos democráticos e socialistas desde então, sendo lembrada em diversos momentos de debates constitucionais nos séculos XIX e XX.

E isso apesar de jamais ter entrado em vigor. No dia 10 de outubro, a Convenção decreta que, "o governo provisório da França será revolucionário até a paz". Isso significa que a Constituição foi pensada como uma lei geral para a França em tempos de normalidade e que, em *momentos excepcionais* como aqueles, o país deveria ser governado por meio de *normas excepcionais*.

Ainda assim, alguns componentes importantes do projeto democrático firmado na Constituição de 1793 foram colocados em funcionamento, como o princípio de que a soberania popular se exerceria por meio dos representantes eleitos, o que levou ao fato de a Assembleia ser o centro de poder do Estado. A França passa a ser gerida por comitês colegiados compostos por deputados e submetidos mensalmente à avaliação da Convenção. Esses comitês ficaram responsáveis pelos diversos setores da gestão do Estado e da política, com destaque para o de Segurança Geral (segurança interna e justiça) e o de Salvação Pública (gestão do Estado).

Por outro lado, ao longo de 1793, diversos decretos produzem uma política de assistência social inédita, que se distancia de toda prática assistencial anterior pautada na caridade privada. A partir de março, começam a ser promulgados decretos regulando o funcionamento de hospitais, a oferta de trabalho e o auxílio aos pobres como meio de combate à mendicância. Em maio de 1794, um passo além: o decreto que cria a Beneficência Nacional, com o propósito de garantir aposentadoria a trabalhadores rurais e urbanos e o auxílio a indigentes. Todos esses decretos partem da ideia de que o Estado deve ter um papel na diminuição de desigualdades, derivadas não da natureza dos homens, mas da vida em sociedade.

O mesmo fundamento dá origem ao decreto de 4 de fevereiro de 1794, que abole a escravidão, classificando-a de crime de lesa-humanidade, e orienta o programa educacional montanhês (o Decreto Bouquier), aprovado em 19 de dezembro de 1793. A ideia de oferecer a todos oportunidades iguais, suprimir as hierarquias sociais e regenerar a sociedade se afirma na criação de um sistema educacional secular, gratuito e obrigatório para crianças entre 6 e 8 anos. Todos, igualmente, deveriam ter acesso aos meios intelectuais, aos valores e à formação cívica para o exercício da cidadania. Essa ideia se aplica, em alguma medida, também na economia, em especial por pressão dos *sans-culottes*. Em função da alta do custo de vida, eles exigem que práticas de controle econômico centralizado, coisa que não acontecia desde o fim do Antigo Regime, voltem a ser aplicadas. Isso resulta no controle dos preços de produtos essenciais e dos salários e em leis rigorosas que preveem a punição dos que especulam com alimentos.

Mesmo introduzindo essas pequenas ou grandes rupturas no cotidiano e no funcionamento da sociedade, o fundamental do novo regime, diziam seus líderes, viria com a paz e, para os montanheses, como para toda a Assembleia, este era ainda um tempo de guerra.

Tanto por conta da coalizão das potências inimigas quanto pelas revoltas internas, a guerra se tornou um fenômeno inseparável da vida da Convenção. É a guerra que permite entender a estruturação e os fundamentos do sistema de exceção implantado. E aqui se trata de uma guerra em que o teatro de operações é amplo, envolvendo tanto o combate a inimigos externos quanto aos "inimigos internos", nem sempre visíveis e identificáveis.

Ainda em março de 1793, a Convenção cria instrumentos para permitir o combate aos "conspiradores", com destaque para uma corte especial (um tribunal revolucionário) e para os *comitês de vigilância*.

Com a aprovação da "Lei dos suspeitos" de 17 de setembro, a Convenção passa a ter também um instrumento legal que permite, como alguns *sans-culottes* haviam exigido, que o Terror seja "colocado na ordem do dia". A repressão se generaliza. Os suspeitos de ação contrarrevolucionária são todos aqueles que "por sua conduta ou conexões, por suas declarações ou escritos, mostram-se partidários da tirania ou do federalismo e inimigos da liberdade" e "ex-nobres, que [...] não manifestaram de forma consistente sua vinculação com a revolução".

Com a ampliação das categorias de suspeitos de conspiração, entre 300 mil e 500 mil pessoas acabam presas, das quais perto de 16 mil são condenadas à morte. As estimativas, incluindo as execuções sumárias, são de que entre 35 e 40 mil pessoas são mortas como resultado da política do Terror, em especial nas regiões dominadas por insurreições contrarrevolucionárias.

DOIS DISCURSOS APRESENTADOS À CONVENÇÃO EM NOME DO COMITÊ DE SALVAÇÃO PÚBLICA (25/12/1793 e 05/02/1794)

Maximilien de Robespierre
(Advogado, membro do Clube Jacobino e uma das figuras de destaque da Montanha na Convenção.)

I

A teoria do governo revolucionário é tão nova quanto a própria revolução que o introduziu. Não se deve procurá-la nos livros dos escritores políticos que não previram essa Revolução [...].

O governo revolucionário necessita de uma atividade extraordinária exatamente porque está em guerra. Está submetido a regras menos uniformes e menos rigorosas, porque as circunstâncias em que se encontra são tempestuosas e móveis, e sobretudo porque é forçado a desenvolver incessantemente recursos novos e rápidos em função de perigos novos e prementes.

O governo constitucional ocupa-se principalmente da liberdade civil, e o governo revolucionário da liberdade pública. Sob o regime constitucional, quase basta proteger os indivíduos contra o abuso do poder público: sob o regime revolucionário, o próprio poder público é obrigado a defender-se contra todas as facções que o atacam.

O governo revolucionário deve aos bons cidadãos toda a proteção nacional; aos inimigos do povo não deve outra coisa senão a sua morte.

Essas noções bastam para explicar a origem e a natureza das leis que chamamos de revolucionárias. [...]

II

Para fundar e consolidar entre nós a democracia, para chegar ao reinado pacífico das leis constitucionais, é preciso terminar a guerra da liberdade contra a tirania e atravessar com felicidade as tempestades da Revolução: tal é a meta do sistema revolucionário que regularizastes. [...]

Se a mola do governo popular na paz é a virtude, a mola do governo popular na revolução é ao mesmo tempo a *virtude* e o *terror*: a virtude, sem a qual o terror é funesto; o terror, sem o qual a virtude é impotente. O terror não é outra coisa senão a justiça pronta, severa, inflexível; esta é, portanto [...] uma consequência do princípio geral da democracia, aplicada às mais prementes necessidades da pátria. [...]

A proteção social só é devida aos cidadãos pacíficos; na República, só são cidadãos os republicanos. Os realistas, os conspiradores, para ela, não passam de estrangeiros, ou antes, de inimigos. Essa guerra terrível que a liberdade sustenta contra a tirania não é indivisível? Os inimigos internos não são aliados dos inimigos externos?

Fonte: ROBESPIERRE, Maximilien de. *Discursos e relatórios na Convenção*. Rio de Janeiro: Eduerj/ Contraponto, 1999, pp. 130-1, 149-50.

A brutalidade é particularmente aguda nas regiões deflagradas, como nos "Afogamentos de Nantes", ocorridos na Vendeia. Em ações sequenciais a partir de novembro de 1793, foram executadas por afogamento em torno de duas mil pessoas, incluindo crianças, como forma de punição que se pretendia exemplar.

O Terror como política de Estado atinge verticalmente a sociedade francesa, tendo o perfil das vítimas variado com o tempo. Se os monarquistas foram seus alvos iniciais, com o tempo, o Terror atinge também o campo político republicano. Lá, os girondinos são os primeiros a sucumbir. Aos poucos, o Terror alcança também as facções mais radicalizadas dos *sans-culottes* de Paris. Para o comitê de Salvação Pública, a radicalização do processo revolucionário defendido pelos chamados "exagerados" (que propunham a descristianização da França, a distribuição de terras e o aumento de impostos aos ricos) podia criar mais resistências à revolução. Com essa justificativa, 18 "exagerados" foram executados em março de 1794, em uma clara mensagem do Comitê de Salvação Pública de que o processo revolucionário tinha limites.

Por fim, o Terror atinge o núcleo mesmo da Montanha, quando a ideia de interrompê-lo começa a circular tanto na Convenção quanto no Clube Jacobino sob o argumento de que as circunstâncias que o haviam exigido tinham claramente se alterado na primeira metade de 1794. De fato, as insurreições internas haviam sido sufocadas com sucesso e a guerra com o inimigo externo contabilizava já uma série de vitórias importantes para o Exército francês.

Entre os que começam a ser chamados de "indulgentes" pela defesa da diminuição progressiva da política do Terror estão pessoas próximas a Robespierre, como Danton e Camile Desmoulins. Acusados de conspiração, ambos são condenados e guilhotinados em abril de 1794.

As ações do Terror se intensificam: no dia 10 de junho de 1794, Robespierre propõe uma lei que suspende diversas garantias antes dadas aos suspeitos, incluindo o direito de contar com advogados, o que multiplicou as condenações à morte. Essa radicalização da política repressiva havia sido fundamentada, pouco menos de um ano antes, por Saint-Just, um dos montanheses de destaque do Comitê de Salvação Pública, que declarou: "não se pode esperar qualquer prosperidade enquanto o último inimigo da liberdade ainda respire", conclamando a Convenção a punir "não somente os traidores", mas também "qualquer um que seja passivo na República e que não faça nada por ela. Pois, desde que o povo francês manifestou sua vontade, tudo o que se opõe a ele está fora da soberania e tudo o que está fora da soberania é inimigo".

Mesmo que o número de vítimas seja uma variável decisiva (ainda que, comparativamente, a República Montanhesa tenha executado menos gente do que as grandes atrocidades que se tornaram comuns no mundo contemporâneo), o importante aqui é reconhecer a introdução de uma nova forma de pensar que teria vida longa na contemporaneidade e que permitiria que o Terror, independentemente das circunstâncias, fosse pensado como um vasto programa não para impor a derrota, mas para *eliminar o inimigo*. Não mais conciliações e reconciliações: tratava-se de realizar um programa cada vez mais amplo de *depurações*. Esse parece ter se tornado o centro da política do Terror: sem importar as circunstâncias, a depuração passou a ser um instrumento legítimo de construção de "um mundo melhor", como um bom meio de *fabricar consenso pela eliminação física do dissenso*.

O próprio Comitê de Salvação Pública, atravessado por divisões e por temores no processo espiralado do Terror, não sobrevive à depuração progressiva e cai, ele mesmo, em suas próprias teias. No dia 26 de julho, Robespierre faz um discurso em que alerta para os riscos que ameaçam a república e para a necessidade de uma depuração mais radical, falando de forma difusa em conspiradores. Sem nomear suspeitos, esse discurso gera o temor de mais uma onda de expurgos na Convenção e reforça as suspeitas de que Robespierre busca firmar-se como ditador.

Setores à direita e à esquerda dos Comitês, sobreviventes dos expurgos anteriores, dão um golpe e votam em 27 de julho (9 de Termidor, pelo calendário revolucionário) a prisão de Robespierre e daqueles que lhe são próximos sob a acusação de conspirarem contra a revolução. A reação dos enfraquecidos e desmobilizados grupos dos *sans-culottes* é ineficaz, e Robespierre, Couthon, Saint-Just e algumas outras lideranças da Convenção, proclamados fora da lei, são guilhotinados no dia seguinte.

Sua execução, de impacto profundo para os contemporâneos, não foi excepcional. A república fazia uso dela como meio de depuração dos que eram considerados uma ameaça. Além de terem eliminado inimigos e aliados, em especial da base popular que os apoiava, os montanheses haviam institucionalizado os meios que acabariam sendo usados para sua própria queda.

A REAÇÃO TERMIDORIANA E O DIRETÓRIO: A CONSTRUÇÃO DE UMA REPÚBLICA DE PROPRIETÁRIOS E O FIM DO CICLO REVOLUCIONÁRIO

Imediatamente após a queda de Robespierre, as mortes mudam de lado: a nobreza provincial protagoniza ações generalizadas de vingança contra os jacobinos, conformando aquilo que se tornaria conhecido como "Terror Branco". Inicia-se uma virada política de longo alcance: a chamada "Reação Termidoriana", protagonizada pelos deputados da Planície, abre um período marcado pela afirmação de um projeto de república que buscou guardar distância tanto dos setores populares e dos democratas quanto dos monarquistas.

No terreno da economia, as práticas de controle de preços são abandonadas, gerando uma explosão de preços dos alimentos em meio a um inverno rigoroso e más colheitas. No mesmo espírito, a gratuidade e a obrigatoriedade da educação básica são abolidas e o programa de ensino passa a se restringir a competências elementares de leitura, escrita e cálculo. Uma formação mais sólida e ampla só em escolas privadas, e só para os que podem pagar...

Em uma nova Constituição, que fica pronta em meados de 1795, o Ano III da República, os princípios de igualdade e de liberdade são matizados, e a própria noção de soberania é ressignificada: soberana não seria mais nem a *nação*, como em 1791, nem o *povo*, como em 1793, mas "*os cidadãos*", ou seja, somente aqueles que participam da vida política nacional pelo direito ao voto.

O sufrágio universal é abolido e o voto censitário restritivo é reintroduzido, só que, agora, a renda mínima necessária para qualificar os eleitores é maior, tanto que o número de eleitores habilitados cai pela metade, restringindo-se às capas mais ricas da sociedade. Para se proteger da consolidação de um executivo forte e ditatorial, a Carta prevê a separação estrita dos poderes e um executivo rotativo, o *Diretório*, formado por um colegiado de cinco membros (chamados *diretores*) e uma Assembleia em duas câmaras, renovada anualmente à razão de 1/3.

O projeto dos novos líderes termidorianos é o de construir uma França na qual os dirigentes políticos sejam originários das elites *proprietárias*, nobres ou plebeias. Para eles, trabalhadores e artesãos deveriam voltar a ser "cidadãos passivos" em sentido pleno nessa "República dos Proprietários".

O espírito desse novo arranjo institucional foi expresso, com clareza lapidar, por Boissy d'Anglas, um dos revolucionários moderados, membro destacado da Planície, que se tornou presidente da *nova* Assembleia.

DISCURSO DE APRESENTAÇÃO DO PROJETO DE CONSTITUIÇÃO – 23 DE JUNHO DE 1795

Devemos ser governados pelos melhores. Os melhores são os mais instruídos e os mais interessados na manutenção das leis; ora, com muito poucas exceções, não encontrareis homens desse tipo senão entre os que, possuindo alguma propriedade, estão vinculados ao país que os encerra, às leis que a protegem, à tranquilidade que a conserva, e que devem a tal propriedade e ao bem-estar que ela proporciona a educação que os armou para discutir com sagacidade e justiça as vantagens e desvantagens das leis que determinam o destino da pátria.

Se concederdes a homens sem propriedade os direitos políticos sem restrições, e se eles ocuparem algum dia as cadeiras de legisladores, provocarão ou deixarão provocar agitações, sem temer-lhes os efeitos; estabelecerão ou deixarão estabelecer impostos funestos ao comércio e à agricultura; porque não sentirão, temerão ou preverão as temíveis consequências, precipitando-nos, por fim, nas convulsões violentas das quais emergimos com esforço [...].

Um país governado pelos proprietários está dentro da ordem social; o país onde os não proprietários governam acha-se em estado de natureza.

Fonte: D'ANGLAS, Boissy apud SOBOUL, Albert. *História da Revolução Francesa*. Rio de Janeiro: Zahar, 1981, p. 400.

Contudo, isso faz com que essa seja uma república com frágeis bases de sustentação social. Assim, a Convenção Termidoriana é logo cedo confrontada com protestos populares que vêm à tona contra as medidas do governo, em especial as relativas à liberalização dos preços dos alimentos.

Entre abril e maio de 1795, movimentos populares voltam a invadir a Assembleia, mas são reprimidos de forma violenta: em torno de 4 mil presos e, além dos líderes, 18 deputados que manifestaram apoio aos protestos acabam sendo condenados e executados. Também entre 1795 e 1796, um movimento secreto chamado de "Conspiração dos Iguais", liderado por Gracchus Babeuf, redator do jornal *A Tribuna do Povo*, procura, por meio de uma insurreição popular, instituir uma república igualitária, abolindo a propriedade privada. Em 10 de maio de 1796, Babeuf e quase todos os conspiradores são presos e guilhotinados.

A onda repressiva atinge especialmente os *sans-culottes* dos subúrbios de Paris e faz com que eles deixem de ter um papel político relevante (eles só retomarão o protagonismo na chamada "Revolução de 1830").

No entanto, ameaça maior aos republicanos vem da parte dos realistas, que buscam restaurar o Antigo Regime por meio de uma insurreição. Para combatê-los, o Exército é chamado a desempenhar, pela primeira vez desde 1789, o papel de instrumento na manutenção da ordem e de controle social, passando a ocupar, a partir de então, o centro da cena política. Assim, o Exército acaba se tornando uma presença constante no processo político francês, em um momento em que goza de altíssimo prestígio pelas campanhas contra os inimigos externos da revolução, uma das mais bem-sucedidas empresas da República Termidoriana.

Desde 1794, o cenário da guerra se alterara de forma substantiva a favor da França. Com as vitórias dos exércitos que combatiam a Primeira Coalizão, o resultado da guerra não poderia ter sido melhor: além de anexações territoriais, reconhecimento da autonomia de regiões transformadas em repúblicas satélites da França e o pagamento de elevadas quantias a título de compensação financeira.

Esse é o momento em que ganha relevo o nome de Napoleão Bonaparte. Ainda que sua rápida carreira no Exército seja inseparável de sua proximidade original com os jacobinos, Bonaparte torna-se conhecido e popular por ter demonstrado um raro talento no campo de batalha.

A partir de 1796, empregando métodos de combate inovadores e com um exército numericamente inferior, vence na península itálica os exércitos da Sardenha-Piemonte e da Áustria. Impondo, até abril de 1797, derrotas sucessivas a sete exércitos piemonteses e austríacos, cruza os Alpes e chega a 160 km de Viena, forçando negociações com a Áustria que se encerram com a Paz de Campoformio em outubro.

Com isso, cresce vertiginosamente não somente o prestígio, mas também a popularidade de Napoleão Bonaparte no momento em que a República sai vitoriosa no cenário europeu. Só a Inglaterra não firma a paz. Na expectativa de atingir o comércio inglês e dobrar a Inglaterra, em fevereiro de 1798, o Diretório resolve enviar um exército sob o comando de Bonaparte para o Egito, parte do Império Otomano. A frota naval francesa que transporta os soldados é destruída pelos britânicos em Aboukir em agosto. Mesmo colecionando sucessos nas batalhas por terra, a expedição ao Egito não mostra os resultados esperados.

Contudo, ainda que a Inglaterra não tenha se curvado, a guerra continental tinha se encerrado com a derrota e a dissolução da Primeira Coalizão contra a França. O Exército francês torna-se o símbolo do sucesso republicano.

Com esse lastro de legitimidade, o Exército é transformado também em um instrumento do sistema criado pelos termidorianos, sendo convocado seguidamente a intervir no cenário político da república.

Nas primeiras eleições de 1797, os monarquistas são os candidatos mais bem-sucedidos. Já nas eleições seguintes, em 1798, são os jacobinos que alcançam a maioria. Parece que nem os mais ricos que compõem o restrito eleitorado francês, ao contrário dos que pensaram os dirigentes da "República dos Proprietários", sabem votar. E é para "corrigir" essa situação que o Diretório opta, "em nome das circunstâncias", por desconsiderar a Constituição que havia elaborado e anular as eleições.

É o Exército que socorre o Diretório e garante os golpes de Estado dado por seus membros em 4 de setembro de 1797 (18 do Frutidor do Ano V, pelo calendário republicano) e em de 27 de abril de 1798 (8 de Floreal do ano VI). Do ponto de vista do Diretório, o Exército foi a solução imediatamente à mão para fazer frente à falta de enraizamento e de ancoragem social de um sistema constitucional representativo que, contraditoriamente, nem sempre aplicava a Constituição e nem sempre reconhecia a representação derivada das eleições.

Tendo dispensado, seguidamente, maiorias parlamentares adversas e excluído a maior fatia da população dos assuntos políticos, a República Termidoriana tornou-se algo de poucos defensores em um momento de crescimento da instabilidade, com a volta das ameaças estrangeiras e a nova onda de agitação interna.

No inverno de 1798/1799, forma-se a Segunda Coalizão contra a França: Inglaterra, Áustria e Rússia dão início à campanha para reconstituir o mapa da Europa desfeito em 1797.

A retomada da guerra traz derrotas para a França. O cenário doméstico é afetado de forma direta pela guerra: monarquistas voltam à cena, animados pelas perspectivas que o conflito lhes oferecia, e as insurreições contra a república e contra o Diretório voltam a se generalizar.

Além disso, do ponto de vista da maioria dos membros do Diretório, os eleitores que votaram em março de 1799 erraram novamente já que uma maioria jacobina foi eleita para o terço renovável da Assembleia. As eleições não foram suspensas e os jacobinos voltam a ter uma representação significativa em um cenário de grande instabilidade.

A ideia de que o sistema político criado pela Reação Termidoriana permitiria garantir a estabilidade de um regime de proprietários dá, então, mostras nítidas de que não se sustenta. Mesmo com os artifícios criados (em especial, a drástica redução do número de eleitores), os resultados estão longe do esperado e alguns dos homens que são parte do sistema criado pela Constituição de 1795 acham por bem abandoná-la em nome de outro desenho institucional.

A solução mais uma vez encontrada é a de um golpe de Estado. Mas, dessa vez, um que livre o governo da própria Constituição e crie um sistema menos permeável aos sabores das eleições. A expectativa de um dos artífices do golpe, Emmanuel Sieyès, é criar um governo central forte, diminuindo significativamente sua dependência dos "representantes da nação".

Sieyès sonda, então, o general Joubert, comandante das forças francesas na Itália, para que lidere o golpe; mas, na Batalha de Novi, em 15 de agosto, o general acaba morto. A "solução" surge com a inesperada chegada de Napoleão Bonaparte, vindo do Egito, onde deixara seus exércitos. Bonaparte retornara à França, trazendo na bagagem todo o prestígio conquistado na guerra. Seu caminho até Paris foi triunfal. Na visão dos que tramavam o golpe, ele era o homem certo para encabeçá-lo. E Napoleão concorda.

O golpe deveria compor um governo com três *cônsules* e redigir uma nova Constituição. O papel reservado à Assembleia deveria ser o de aprovar a sua própria saída de cena, transferindo o poder para os cônsules, dando uma aparência de legalidade a todo o processo.

A "descoberta" de uma suposta conspiração foi usada como pretexto, no dia 9 de novembro de 1799 (18 Brumário do ano VIII), para forçar a aprovação de uma medida de emergência prevista na Constituição: a transferência das duas câmaras legislativas para fora de Paris, tarefa para a qual foi designado Napoleão Bonaparte. Dos cinco membros do Diretório, os três que participaram do golpe pedem demissão e os outros dois são mantidos presos. Quando a informação sobre a conspiração se mostrou falsa, e frente à revolta dos deputados que colocaria em risco o golpe planejado, Lucien Bonaparte, irmão do general, instou os guardas da Assembleia a retirarem os deputados às pressas, pois estariam sendo mantidos reféns pelos jacobinos. O legislativo foi esvaziado, restando alguns deputados que, no mesmo dia, votaram a abolição do Diretório e sua substituição por um executivo de três cônsules: Sieyès, Napoleão Bonaparte e Roger Ducos. Perto de 60 deputados jacobinos foram imediatamente excluídos da Assembleia.

O Golpe de 18 de Brumário, feito segundo as regras constitucionais para situações de emergência, põe fim à experiência parlamentar que teve início em 1789 com o mesmo meio pelo qual o Diretório tentara impedir que os rumos da república lhe saíssem do controle: um golpe de Estado. A prática do golpe havia se naturalizado como forma de "correção de rumos" quando a realidade confrontava as expectativas dos governantes.

Em 15 de dezembro, quando apresentam a nova Constituição (redigida em apenas 10 dias), os três protagonistas do último golpe de Estado e agora cônsules da França (Napoleão, Sieyès e Ducos) proclamam que "a revolução se consolidou nos princípios que deram início a ela" e declaram: "Ela está terminada".

O princípio de soberania afirmado em 1789, expresso pela ideia de que um povo de iguais se autogoverna apoiado em uma lei geral que esse mesmo povo elabora, foi deixado de lado no período final do Diretório. Nesse sentido, de fato, a revolução estava terminada, mas, ironicamente, não por ter sido realizada de forma plena, e sim por sua negação.

* * *

O país que viu Napoleão emergir como líder político ainda era agrário e com uma estrutura social e econômica muito pouco diferente daquele que viu a queda de Luís XVI. Ainda assim, as mudanças sucessivas que aconteceram a partir de 1789 deixaram suas marcas. A França está mais centralizada do que jamais fora, sem a estrutura jurídica do Antigo Regime com seus diversos tipos de privilégios e com uma Igreja católica tendo perdido muito de seu poder. A França se tornara um país constitucional em que os governantes passaram a ser considerados, mesmo que de forma diferente ao longo do tempo, "representantes" do povo. Tudo isso pavimentou o caminho para edificação de uma França burguesa e liberal, processo que avançou de mãos dadas com o capitalismo que se afirmaria até fins do século XIX.

Contudo, tão ou mais importante do que as instituições que foram consolidadas foi aquilo que a Revolução prometeu. As promessas da Revolução Francesa fazem parte de seu legado, tanto quanto o fazem as tentativas feitas para implementá-las e a violência que acompanhou todo esse processo.

Ela anunciou um tempo de *liberdade* e prometeu *igualdade*, ainda que em graus diferentes ao longo do tempo. Ela também proclamou a *felicidade* como propósito da vida social e indicou que cabe ao Estado corrigir os desequilíbrios sociais para que se possa ter um mundo mais justo. E ela disse que o povo tinha o direito de se rebelar contra governos tirânicos. Mas, mesmo sem ter conseguido implementar plenamente e de forma perene essas promessas, com todas elas a Revolução anunciou que as feições do mundo poderiam ser radicalmente modificadas. Se, antes, as alternativas de que fazer com o futuro eram relativamente limitadas, com a revolução, o horizonte se ampliou enormemente. Foram portas que, uma vez abertas, nunca mais puderam ser fechadas.

A Revolução Industrial

O mundo que hoje conhecemos é filho da Revolução Industrial. Ela abre um período na história humana em que, pela primeira vez, os limites para a produção de riquezas pelos homens foram implodidos e nunca mais deixaram de ser superados e expandidos. Pode-se dizer, sem medo de exagero, que ela virou o mundo de ponta-cabeça, fazendo com que hoje pensemos, vivamos, trabalhemos e produzamos de uma forma que está relacionada, direta ou indiretamente, à Revolução Industrial.

Longe de afetar somente a estrutura produtiva da sociedade europeia (e posteriormente, global), essa transformação afeta sua alma. Dela emerge um tipo distinto de sociedade (e, talvez, também de homens ou, melhor dizendo, da forma de os homens estarem no mundo): a sociedade capitalista, aquela cuja razão de ser é a *produção em massa de mercadorias.* Nesse novo tipo de sociedade, o *crescimento contínuo* e *ininterrupto*, ao mesmo tempo uma propriedade e uma esperança vã do capitalismo, torna-se seu elemento definidor. Mesmo não o tendo inventado, a Revolução Industrial generaliza o capitalismo.

Mas os contemporâneos das mudanças que começaram a se dar na Europa na segunda metade do século XVIII não tiveram essa percepção, por se tratar de um daqueles tipos de fenômeno social que só podem ser percebidos em uma larga escala de tempo por ser um processo lento, ainda que firme.

O que impulsionou a tomada de consciência sobre o fenômeno foram seus efeitos cada vez mais nítidos nas áreas urbanas na primeira metade do século XIX na Europa. De fato, cidades como Manchester eram, em 1780, muito mais próximas às que haviam sido em 1600 do que as que se tornariam em 1830.

As mudanças aparecem com todo vigor na trágica situação dos trabalhadores dessa primeira fase da industrialização, tão nova que, no início, não havia nem experiência acumulada nem instrumentos de pensamento que parecessem ser adequados para lidar com ela. Não é surpreendente, portanto, que sejam exatamente os reformadores sociais que tenham começado a falar em uma "revolução industrial", sugerindo que o novo processo de industrialização tivesse produzido uma ruptura na vida social de seu tempo. Pelo que tudo indica, foi Friedrich Engels, então com 24 anos, que, na introdução do seu livro *A situação da classe trabalhadora na Inglaterra*, de 1844, fixou o termo "revolução" para definir o processo de industrialização e suas consequências sociais.

Essa demora significativa indica que, mesmo que as mudanças tenham produzido um grande impacto nas sociedades ocidentais, não é possível fugir do fato de que, aqui, temos um tipo certamente estranho de revolução: ela não foi nem *rápida*, nem somente *industrial*. E, mais que isso, foi uma revolução em que talvez as continuidades tenham sido tão relevantes quanto as rupturas.

Se, por um lado, hoje conseguimos ver sem dificuldade que, entre os séculos XVIII e XIX, coisas aconteceram que resultaram em um salto jamais visto na capacidade humana de produção de riquezas, por outro, não podemos ainda prever seu fim. Isso fez com que muitos estudiosos observassem as "fases" sequenciais de um processo que se inicia quando uma economia agrária criou, pela primeira vez em toda a história, condições para deixar de sê-lo.

O que fez com que, de um mundo que funcionava de forma relativamente estável há muito tempo, tenha se produzido, em um determinado momento, em um determinado lugar, aquilo que se chamou de "salto da industrialização"?

UM MUNDO AGRÁRIO, ESTÁVEL E DE PRODUÇÃO LIMITADA

A Revolução Industrial se deu em um mundo em que a produção industrial já existia, tanto em unidades de produção de bens voltadas exclusivamente para o mercado quanto domesticamente, complementando as atividades agrícolas e atendendo prioritariamente ao consumo privado.

O que a Europa que passa pela Revolução Industrial vê é o desaparecimento de um tipo de indústria (e do mundo que a cerca) e a afirmação de *um outro tipo* de indústria e consequentemente o surgimento de outro mundo circundante.

Utilizando, de forma quase absoluta, instrumentos de trabalho dependentes da energia humana ou, em menor grau, da tração animal ou da força da água e do vento, dois tipos preponderantes de organização são característicos desse período que foi chamado, na Europa, de "protoindustrialista". Por um lado, as unidades produtivas constituídas em torno de mestres e de seus familiares, e que contavam também com aprendizes e diaristas assalariados, nas quais a divisão de trabalho era pequena e o grau de especialização alto. Por outro, alguns ramos eram marcados por um tipo específico de organização de produção – o *sistema doméstico* – já encontrado no mundo medieval. Nesse sistema, um comerciante fornecia matérias-primas (algodão, lã, seda, metais) ao produtor, que, dispondo de ferramentas e competências técnicas, devolvia o produto acabado, a ser vendido pelo comerciante. Em alguns casos, no sistema doméstico, o comerciante empregava unidades de produção distintas para funções diferentes na preparação do produto final. Assim, fiadores poderiam receber o algodão ou a lã bruta para produzir o fio que seria entregue, pelo comerciante, a tecelões; com o tecido em mãos, o comerciante se dirigia a uma terceira unidade de produção dedicada a confeccionar roupas, que seriam, finalmente, vendidas no mercado. Essa forma de divisão do trabalho fazia com que um mesmo comerciante fosse a conexão entre grupos profissionais diferentes, em alguns casos, em áreas distintas, urbanas e rurais. Com frequência, a divisão do trabalho era normatizada pelos *privilégios* das *guildas*: em Solingen, por exemplo, na parte ocidental do Sacro Império, famosa pela produção de espadas e facas, o monopólio da fabricação de lâminas cabia a uma guilda e o de cabos a outra.

Entre finais do século XVII e ao longo do século XVIII, o sistema se expandiu sob o impacto de um novo e crescente mercado consumidor gerado tanto pelo surpreendente aumento populacional na Europa quanto pela abertura do mercado das áreas coloniais europeias. Contudo, mesmo tendo tido a capacidade de aumentar a produção, o sistema doméstico oferecia desvantagens visíveis para o comerciante, ou melhor, o *mercador-capitalista*. Para ele, era difícil, por exemplo, controlar o ritmo da produção doméstica pela falta de supervisão e pelo caráter complementar do trabalho, não raro associado à atividade agrícola. Isso alongava o tempo entre o investimento inicial e sua realização em lucro. Ainda assim, a organização do trabalho em *fábricas*, forma de reunir especialidades distintas em um mesmo teto, era excepcional até meados do século XVIII.

Mas, apesar de essas formas de produção industrial existirem, o que era fundamental na Europa desse tempo era o mundo agrário. E tinha sido assim desde a Antiguidade. Até o século XVIII, de forma estável, a população europeia era marcadamente rural e, em sua quase totalidade, envolvida direta ou indiretamente em atividades agrícolas ou pecuárias. Uma pequena fração estava vinculada à pesca, ao comércio, à indústria e a outras atividades de menor impacto econômico global; e ainda assim, submetia-se ao papel determinante da agricultura. O comércio de grãos tinha lugar de destaque e a indústria era altamente dependente da agricultura e da pecuária: tanto sua matéria-prima (o linho, a lã eram decisivas para a indústria têxtil) quanto a força de trabalho que utilizava (em grande medida agricultores) eram submetidas aos ritmos da agricultura.

Ainda que a urbanização avançasse, a vida no continente girava em torno da agricultura, e suas variações, geradas pelo excesso ou falta de chuva ou pelo rigor do inverno, por exemplo, ditavam o ritmo da atividade produtiva (e, portanto, também, dos preços e da fome).

Como economias desse tipo, que eram estáveis havia séculos e cujo ritmo de transformação era comparativamente mais lento do que se veria a partir do século XIX, passaram a ser, em um tempo relativamente curto de uma ou duas gerações, economias *qualitativamente* diferentes? Isso está longe de ser um fenômeno natural.

O SALTO

Em um primeiro momento, as máquinas, a novidade mais aparente e prestigiosa desse novo mundo da indústria, foram o foco da atenção daqueles que buscavam dar sentido para essas transformações. E a teoria, em suas múltiplas variações, é mais ou menos a seguinte: um mundo sem máquinas foi transformado pelo surgimento delas. Tão logo foram inventadas, o mundo progressivamente se transformou. E isso foi seguido, não raro, de Histórias que narravam a sequência das inovações técnicas, das invenções e dos empreendedores da Revolução Industrial. Contudo, com esse tipo de História chega-se a um problema de difícil solução: máquinas, e mesmo máquinas complexas, já existiam antes da Revolução Industrial. Além disso, não foram poucos os casos em que várias delas acabaram recusadas ou mesmo consideradas irrelevantes e esquecidas quando de sua invenção, tendo sido empregadas na produção só muito tempo depois.

Um exemplo: em 1589 (!), William Lee criou o primeiro tear mecânico para malhas. Ao apresentar a invenção à rainha Elisabeth I, em uma audiência em que ele buscava permissão para registrar a patente e para utilizá-la na produção, ele não somente não conseguiu a permissão, como também viu sua máquina ser considerada pela rainha o caminho certo para a ruína de seus súditos, por eliminar postos de trabalho e retirar os seus meios de subsistência. Mal acolhido também na França, o inventor morreu no ostracismo em Paris.

Da mesma forma, a fiação mecânica da seda, existente na Itália desde o século XVII, foi introduzida na Inglaterra em princípios do século XVIII em centros de produção como o de Londres e de Stockport. Contudo, isso não produziu quaisquer impactos significativos em um ramo que não necessitava de aumento da produtividade para atender à demanda limitada por roupas caras de seda.

Outra hipótese que tenta explicar as origens da Revolução Industrial considera o aumento da demanda por produtos. Contudo, mesmo que ela impulsionasse o crescimento econômico, ainda era, até meados do século XVIII, reduzida em relação à capacidade produtiva. Assim, não seria o crescimento da demanda que levaria, *exclusiva e necessariamente*, à adoção da mecanização da produção e à organização do trabalho em fábricas – duas transformações fundamentais em que se baseia a Revolução Industrial.

Tomemos o caso da indústria têxtil do algodão. A "lançadeira volante" de John Kay, por exemplo, que aumenta muito a velocidade do processo de tecelagem, já era conhecida desde 1733, mas muito pouco empregada na indústria. Da mesma forma, a máquina de fiar de John Wyatt (1738) permite um crescimento exponencial da capacidade de produzir fios, mas não foi incorporada ao processo produtivo de maneira ampla na época de sua invenção. A produção têxtil, ainda que pudesse contar com a existência de máquinas que permitiam uma ampliação significativa da produtividade, manteve-se longe da transformação porque ajustes na velha forma de se produzir tecido parecem ter sido capazes de atender à demanda existente.

Além disso, muitos foram os casos em que o aumento da produção se deu, ainda no século XVIII, sem o crescimento da produtividade do trabalho. Onde abundância de mão de obra e os salários mais baixos permitiram atender ao aumento da demanda pela incorporação de novos trabalhadores ao processo produtivo, a produção cresceu nos marcos tradicionais, sem a necessidade de se modernizar. Como exemplo disso, nas cidades de Verviers, Liège, Flandres e de Ghent, centros de produção têxtil na Bélgica, a mudança do eixo da produção de têxteis de alta qualidade para têxteis baratos para atender ao mercado colonial, típico do processo de transformações na indústria britânica, se deu pela expansão das formas de produção tradicionais, e não pela substituição por formas de produção novas. Lá só se veria a mecanização da produção ao longo do século XIX. Isso porque a Bélgica possuía todas as condições infraestruturais e políticas para sustentar um processo de transformação em sua produção industrial. Mas, em termos funcionais, a pressão para substituir o trabalho humano por máquinas não foi particularmente sentida no século XVIII, o que se explica pela abundância de força de trabalho disponível e barata. Isso fez com que a mecanização por lá fosse menos atrativa do que na Inglaterra, onde o valor da força de trabalho era entre 60% e 70% maior.

Isso significa que, ainda que nos anos de 1760 muitas das inovações tecnológicas já fossem conhecidas há algo em torno de 30 anos, a sua ampla incorporação na produção teria uma relação direta com a explosão da demanda derivada do comércio colonial *combinada* com a escassez de mão de obra e com a mecanização de outros processos produtivos associados.

Estes casos nos mostram algumas coisas:

1. As novidades técnicas precisaram superar as resistências sociais a elas, como o caso de William Lee parece, negativamente, demonstrar. Além disso, a incorporação das novidades técnicas na produção parece ter sido o resultado direto do cálculo sobre custos e potencialidades do mercado. O aumento de produção não foi sempre dependente da inovação tecnológica (máquinas) na indústria. Formas tradicionais de produção foram mantidas quando o aumento de produção pôde ser feito em uma situação em que o custo da força de trabalho era baixo.

2. A avaliação sobre o que o mercado poderia absorver é uma variável decisiva na decisão de incorporar inovações técnicas na atividade produtiva. No caso da indústria da seda, o mercado limitado pelo alto custo dos produtos ajuda a entender por que processos antigos e mais lentos eram suficientes para atender à demanda (limitada e sem perspectiva de aumento substantivo). Já em relação à indústria de algodão, as novidades técnicas são amplamente incorporadas somente com uma explosão da demanda.

Mesmo que as máquinas sejam uma variável imprescindível daquilo que se convencionou chamar de Revolução Industrial, o seu surgimento, como vimos, não é suficiente para produzir o fenômeno. Na realidade, falar de Revolução Industrial não é tratar da existência de máquinas, mas do fato de que elas se tornaram o *fator essencial* da produção, determinando todos os outros. A incorporação das novidades tecnológicas depende de uma situação social que faz com que a inovação possa ser empregada em função da expectativa de que, com elas, maiores lucros possam ser gerados.

E esse quadro começou a se desenhar na Inglaterra, e não em outro lugar, e na segunda metade do século XVIII, e não antes.

MONETARIZAÇÃO DA ECONOMIA E PRODUÇÃO PARA O MERCADO

Uma das variáveis de maior impacto no salto industrialista foi o longo e silencioso movimento de monetarização da vida social, fundada no aumento da importância do mercado na Inglaterra com a lenta expansão do capitalismo.

De elemento adicional no cotidiano de uma população que, de alguma forma, produzia muitos de seus bens de consumo (alimentos, roupas etc.), o mercado passa a ter uma importância crescente à medida que ocorrem a diminuição do número de produtores diretos e o aumento do assalariamento. Em consequência disso, os consumidores tornam-se diretamente dependentes do mercado (e, portanto, do dinheiro) para a aquisição tanto de alimentos quanto de produtos industrializados.

Um dos fatores que explicam esse processo é o aumento significativo no ritmo de crescimento da população entre os séculos XVIII e XIX, um fenômeno sem precedentes; a população inglesa cresceu, no período de 1751 a 1851, quase quatro vezes mais que nos 200 anos anteriores.

Estimativas de população inglesa em períodos de 50 anos entre 1551 e 1851

Ano	População em números absolutos	Variação Percentual
1551	3.024.000	
1601	4.126.000	36,4
1651	5.284.000	28,1
1701	5.198.000	-1,6
1751	5.917.000	13,8
1801	8.671.000	46,5
1851	16.733.000	92,9

Tabela e gráfico compostos a partir de dados apresentados em WRIGLEY, E. A.; DAVIES, R. S.; OEPPEN, J. E.; SCHOFIELD, R. S. *English Population History from Family Reconstitution*: 1580-1837. Cambridge: Cambridge University Press, 2005.

Não há consenso entre historiadores e demógrafos sobre as causas determinantes, nem mesmo sobre todas as causas prováveis desse fenômeno. As explicações apontadas são muito diversas, indo desde o aumento da taxa de casamentos até as mudanças no modo de fazer a guerra (a diminuição da prática de pilhagens e de destruição dos meios de subsistência das populações derrotadas), desde a melhor alimentação derivada de um crescimento da produção agrícola até melhoria das condições sanitárias e das práticas médicas, estas últimas impactando decisivamente sobre a diminuição da fome cíclica e das epidemias. Mas é fato que, comparada com a taxa de nascimentos relativamente estável, a variável mais significativa foi a diminuição da taxa de mortalidade da população.

Ao lado do aumento populacional, o seu deslocamento para o espaço urbano também foi decisivo para explicar a transferência de agricultores para as atividades industriais. Esse fenômeno tem um grande impulso com os *cercamentos de terras* que antes eram usadas pela população de pequenas comunidades rurais para sua subsistência por meio de práticas extrativistas, pecuárias e agrícolas. A *apropriação privada* dessas áreas foi impulsionada em meados do século XVIII, com a expectativa de maiores lucros, pelo crescimento da atividade agrícola voltada exclusivamente para o mercado. Tanto pela compra de direitos de exploração das terras comunais quanto pela transferência compulsória desses direitos por meio de leis aprovadas no Parlamento, os *cercamentos* resultaram na concentração de terras nas mãos de uns poucos grandes proprietários rurais. Isso está relacionado à chamada "Revolução Agrícola", fruto de um conjunto de iniciativas que visaram aumentar a produção tanto por meio da ampliação da área plantada (com a apropriação privada de terrenos que eram antes comuns), quanto pela introdução de soluções técnicas para ampliar a produtividade: desde a preparação do terreno até a seleção de sementes e de animais reprodutores. O aumento da produtividade aliou-se à ampliação do mercado para produtos agrícolas e foi reforçado pelo aumento geral de preços de meados do século XVIII.

Esse é o contexto em que crescem os cercamentos na Inglaterra e no País de Gales. Nos 30 anos que vão de 1761 a 1792, a taxa de cercamento dos campos ingleses cresceu quase 640% em relação aos 30 anos anteriores. Para criar fazendas maiores, voltadas para culturas comerciais, o progressivo cercamento das áreas comuns inviabilizou a subsistência de diversas comunidades rurais, produzindo um deslocamento significativo de população para o espaço urbano. Mas, mesmo entre aqueles que se mantiveram no campo, o cercamento produziu um aumento sensível do número de pessoas que, precisando se assalariar, não conseguiam mais produzir o que consumiam.

A ampliação da atividade industrial tradicional, ligada ao sistema manufatureiro doméstico, também resultou na incorporação de novos trabalhadores. Ela ocorreu graças ao aumento do mercado interno, derivado principalmente do crescimento populacional e da diminuição dos produtores diretos do que era consumido. Antes, como vimos, as atividades industriais realizadas em casa eram combinadas com as atividades agrícolas de subsistência; agora, a ampliação da atividade industrial baseada no sistema doméstico fez com que um número crescente de trabalhadores passasse a se dedicar à produção industrial em tempo integral.

O processo é, em alguma medida, circular: com o aumento da população e a diminuição do número de produtores diretos, a demanda por produtos industriais cresce, fazendo com que também cresça a demanda por força de trabalho na indústria. O resultado é um número progressivamente menor de produtores diretos e um maior de pessoas dependentes do mercado.

Mesmo que parte desses fenômenos seja observada em escala europeia, na Grã-Bretanha isso se deu, ao longo do século XVIII, de forma mais intensa.

Se, em 1500, aproximadamente 3/4 da força de trabalho da Grã-Bretanha, da França, da Áustria estavam empregadas na agricultura, em 1800, essa proporção se reduz de forma mais marcada na Grã-Bretanha (em torno de 35%) que nos outros países, mesmo nos que eram então mais urbanizados, como os Países Baixos e os Países Baixos Austríacos.

Distribuição percentual da população em atividades econômicas

	1500			1800		
	Atividades urbanas	Atividades rurais não agrícolas	Atividades agrícolas	Atividades urbanas	Atividades rurais não agrícolas	Atividades agrícolas
Grã-Bretanha	7%	18%	74%	29%	36%	35%
Países Baixos	30%	14%	56%	34%	25%	41%
Países Baixos Austríacos	28%	14%	58%	22%	29%	49%
França	9%	18%	73%	13%	28%	59%
Áustria	5%	19%	76%	8%	35%	57%
Espanha	19%	16%	65%	20%	16%	64%

Compilada a partir de dados extraídos de ALLEN, Robert C. *British Industrial Revolution in Global Perspective*. Cambridge: Cambridge University Press, 2009, p. 17.

Esses dados mostram de forma nítida que essa tendência à urbanização não é exclusiva da Grã-Bretanha, mas é lá que ela é mais acentuada: enquanto o crescimento da população urbana na Grã-Bretanha entre em 1500 e 1800 foi de mais de 300%, a França viu um aumento de pouco mais de 40% e os Países Baixos de 13% no mesmo período.

Mas, além da urbanização, esse conjunto de variáveis (crescimento da população, ampliação do número de consumidores e crescimento da produção agrícola e industrial tradicional voltada para o mercado) foi acompanhado da criação de condições infraestruturais para alavancar um processo de industrialização de novo tipo. Até meados do século XVIII, vem dos lucros obtidos com o comércio colonial, com a agricultura e com o crescimento da produção industrial tradicional o maior volume de investimento de capital na construção e reforma de estradas, de canais, infraestrutura portuária, constituição de uma frota mercantil e de guerra e a conquista de áreas coloniais – todas elas condições decisivas para impulsionar a industrialização de novo tipo.

Além disso, para compreendermos o salto industrialista, não podemos perder de vista que a disseminação de novidades técnicas e a organização fabril da produção têm início em um ramo de produção específico: a indústria têxtil do algodão.

Aqui, o *mercado externo* parece ter sido o elemento motriz decisivo para o salto de produtividade ligado à mecanização da indústria. Mecanizar foi a solução encontrada diante da explosão na demanda por produtos industrializados que aconteceu ao longo do século XVIII e que está relacionada, de forma direta, com o crescimento da importância do comércio colonial para a Grã-Bretanha.

Esse é um terreno em que o intervencionismo estatal foi absolutamente decisivo: os tratados que puseram fim à Guerra de Sucessão Espanhola (1701-1714), à Guerra de Sucessão Austríaca (1740-1748) e a Guerra dos Sete Anos (1756-1763), nos quais a Coroa britânica sempre incluiu cláusulas comerciais, conduziram a um controle quase absoluto do comércio colonial por parte dos ingleses que se expressou no aumento de mais de 600% da tonelagem da frota comercial britânica.

A REVOLUÇÃO INDUSTRIAL E O SÉCULO XIX: INDUSTRIALIZAÇÃO EM DOIS ATOS

O setor industrial que melhor exprimiu o impacto do comércio colonial foi o têxtil, particularmente a indústria do algodão, que fincara raízes na Inglaterra não antes de finais do século XVII, com a tentativa de substituição dos tecidos de algodão baratos importados da Índia.

Entretanto, só a partir da segunda metade dos anos 1760, com o final da Guerra dos Sete Anos, é que a mecanização da indústria se estabelece. A máquina de fiar com múltiplos fusos (a *spinning jenny*) e aquela movida à água (a *water frame*) de Richard Arkwright haviam sido inventadas em 1765 e 1768, respectivamente, e esperaram perto de 10 anos para serem efetivamente incorporadas à produção industrial com a explosão da demanda por tecidos nas áreas abertas ao comércio pelo Estado britânico, entre finais do século XVIII e princípios do XIX.

As transformações produzidas no setor têxtil implicaram um aumento significativo da produtividade e dos ganhos: nas últimas décadas do século, os lucros chegavam a surpreendentes 450% do valor investido. Isso fez desse setor um polo de atração crescente para capitais privados em busca de investimento lucrativo, apostando tanto na ampliação de fábricas já estabelecidas como na constituição de novas unidades de produção. Das tecelagens que operavam na região conhecida como Midlands até finais do século XVIII, 56% foram estabelecidas por mercadores que operavam anteriormente com indústrias domésticas. As outras 44% foram criadas por pessoas de origens sociais diversas, particularmente pelos chamados *yeomen*, agricultores médios, proprietários de suas terras, muitos dos quais com experiência em produção de têxteis, como atividade complementar à agricultura. Em vários dos casos, o investimento de economias familiares ou pequenos empréstimos foi suficiente para a abertura de uma unidade fabril, em função dos baixos custos do maquinário nessa primeira fase.

As transformações que foram geradas na indústria do algodão atingiram, inicialmente, ramos industriais diretamente relacionados aos têxteis: a indústria química, a fabricação de máquinas e a mineração do carvão e do ferro foram empurradas para a modernização. Era o setor têxtil que ditava o ritmo do desenvolvimento da fatia industrial da economia até a década de 1830.

Na Europa continental, a disseminação da mecanização e da organização fabril encontrou terreno fértil inicialmente na Bélgica e, posteriormente, na França e, já na segunda metade do século XIX, na Alemanha.

Nos aproximadamente 80 anos entre o início do processo de implantação do maquinismo na indústria têxtil até a completa transformação de todos os seus setores de produção, o aumento dos investimentos incentivados pela expectativa de ganhos fez com que a produção crescesse em um ritmo maior do que o ritmo de crescimento do mercado consumidor, tanto interno quanto externo. As exportações de têxteis britânicas, que atingiram quase 50% de seu comércio exterior na década de 1830, caíram progressivamente até chegar a pouco mais de 30% em meados da década de 1850.

O resultado foi o barateamento progressivo dos produtos: entre 1780 e 1840, o preço dos têxteis sofreu uma redução de 95%, impactando de forma decisiva na queda na taxa de lucro. Se na Grã-Bretanha de meados da década de 1780, para cada libra investida na indústria têxtil o lucro obtido chegava a 4 libras e meia, 50 anos mais tarde, o lucro por libra investida não passava de meia (0,5) libra. Sem ser atrativo o suficiente para absorver reinvestimento, o setor têxtil deixa de expandir e entra em "crise" entre os anos 1830 e 1840. Com isso, esgota-se aquela que foi a primeira fase da Revolução Industrial.

Entre os anos 1840 e 1850, os capitais gerados por meio dos têxteis foram redirecionados para ramos de produção que, naquele momento, eram mais atrativos: a indústria mecânica e a siderurgia, que abasteciam a crescente demanda por máquinas. A procura cada vez maior por ferro e carvão deu um enorme impulso à mineração e aos transportes, que vivem sua própria revolução, com a ampliação do uso da máquina a vapor para a navegação e nas ferrovias. Foram as ferrovias que, de fato, se mostraram altamente sedutoras, tanto pelos lucros que o investimento prometia quanto pela aura que as cercava: a estrada de ferro se tornou a expressão de uma Europa que se fazia moderna e civilizada.

Ainda que a primeira locomotiva tivesse entrado em funcionamento em 1815, a Europa precisaria esperar quase três décadas para que as estradas de ferro se tornassem uma verdadeira febre. Prometendo altos lucros, ela se tornou um dos polos mais atrativos de investimento: se no ano de 1840 a Europa possuía 2.925 km de ferrovias, 10 anos mais tarde chegava a 23.504, com um ritmo de crescimento médio anual de 2.058 km. E o crescimento continuou em ritmo alucinante: em 1860, após uma década em que o crescimento anual médio foi de 2.800 km, a Europa já registrava 51.862 km de ferrovias e chega em 1900, depois de crescer em média 6.000 km por ano nas três décadas anteriores, a um total de 282.525 km de estradas de ferro construídas.

A expansão da produção na indústria pesada acompanhou esse ritmo: a de aço cresceu sete vezes e a de ferro dobrou.

Esse é o tempo dos grandes empreendimentos industriais. Se, na primeira fase da industrialização, a criação de novas fábricas se fazia regularmente com dinheiro familiar ou mesmo com alguns pequenos investidores privados, o tempo da indústria pesada, dos altos-fornos e das ferrovias implicou a necessidade de um volume muito maior de capital para colocar de pé um negócio. As pequenas unidades de produção se reúnem em unidades maiores e os bancos, agentes de financiamento, passam a ter uma importância decisiva nesse processo de concentração da produção industrial.

Nesses tempos de expansão da produção e de mercados para uma indústria que se diversificava, a ideia do livre-comércio emergiu com força, inicialmente na Grã-Bretanha e, posteriormente, em outros países industriais. A expectativa de que produtos pudessem ser vendidos em um mercado internacional e sem barreiras animou os capitalistas e seus porta-vozes. Nesse momento, a máxima passa a ser a de que o mercado teria condições de se *autorregular* sem a necessidade de intervenção do Estado, que abriria mão das taxas alfandegárias e de subsídios para produtos de seu próprio país (tornando-os mais baratos no mercado internacional). Progressivamente, as tarifas alfandegárias foram sendo reduzidas por todos os países centrais no comércio internacional.

Essa segunda fase foi marcada pela expansão da industrialização e do capitalismo em escala internacional, impulsionada pela multiplicação de meios de transporte por terra e por mar. Isso trouxe duas consequências decisivas para a economia: a ampliação da concorrência e o barateamento do frete, ambos com impacto direto no preço final das mercadorias.

Pela primeira vez, a indústria britânica era seriamente ameaçada. Ela perdeu, nos últimos 30 anos do século XIX, seu lugar de destaque. Se até a década de 1820, a Grã-Bretanha era responsável sozinha por 41% do valor de toda a produção industrial dos países ocidentais, com a expansão internacional da indústria, esse percentual cai até o final dos anos de 1880 para perto de 20% do total. Nesse contexto, as dificuldades para escoar a produção crescente em um momento de concorrência mais acirrada acarretaram a baixa geral de preços e a queda progressiva das taxas de lucro, atingindo todos os países que se industrializavam. O acúmulo de falências de industriais e de bancos redefiniu o cenário de investimentos e fez com que o otimismo do momento de expansão fosse substituído pelo pessimismo e pela cautela.

Foi nas décadas de 1870 e 1880 que a crise se mostrou mais profunda. Chamada de "A Grande Depressão", abriu um tempo de incertezas quanto ao futuro. Considerando o volume total de produção de riquezas na Europa, a década de 1860 apresentara uma taxa de crescimento média anual de 2,36%, enquanto nas duas décadas seguintes a taxa de crescimento caiu para modestos 1% e 1,46%, respectivamente. Isso impactou no recuo global do investimento que, em alguns casos, caiu para menos da metade do período anterior.

Aos Estados coube a tarefa de buscar soluções para ajudar os "seus" capitalistas a superar a crise. Nesse momento, os defensores de um programa liberal que levavam a sério a noção de liberdade plena e de distanciamento do Estado e de seus controles tornaram-se minoritários nos governos e parlamentos. Em substituição aos valores abstratos da liberdade plena, foram opostas soluções pragmáticas que levavam em conta exclusivamente os interesses econômicos de industriais e financistas.

Resultado disso foi o abandono progressivo das políticas de livre-comércio e a adoção em escala crescente de medidas de proteção da indústria local, expressas na taxação das importações, resultando na diminuição do fluxo internacional de mercadorias.

No final do século XIX, a industrialização e o capitalismo estavam plenamente estabelecidos na maior parte dos países europeus. Contudo, tratava-se de um capitalismo que deixava progressivamente de lado o valor da liberdade de mercado em nome do valor da proteção do Estado aos investimentos e aos lucros dos detentores do capital.

O NOVO MUNDO DA INDÚSTRIA

A crescente especialização e desqualificação do trabalho humano, a produção em massa de mercadorias, a urbanização e a generalização da monetarização da vida social alteraram de forma definitiva os modos de vida e de trabalho das sociedades que se industrializavam.

Mesmo sendo um processo em curso há tempos, o século XIX assiste a uma mudança de escala: o capitalismo e a produção voltada para o mercado se generalizam a ponto de se tornarem definidores das sociedades ocidentais. E isso assusta alguns contemporâneos. Thomas Carlyle, escritor de prestígio nos anos de 1840, em *Past and Present* se surpreende: "Uma coisa eu sei: nunca, na Terra, a relação de homem para homem se deu somente pelo pagamento em dinheiro", o que tem trazido consigo, ele completa, "a quase extinção do senso moral em grandes massas da humanidade".

Do ponto de vista da produção, as mudanças decisivas foram a combinação de novidades técnicas com a reorganização do trabalho em um novo tipo de *unidade produtiva*: a *fábrica*, o espaço por excelência da nova produção industrial e da divisão radical do trabalho que a acompanha. Os trabalhadores não participam mais de todas as etapas do processo de produção; agora, cada operário atua em apenas uma parte dele. Ao mesmo tempo, diversos processos de produção de um bem, antes separados em unidades produtivas distintas, são reunidos no mesmo espaço. Isso somado à divisão do trabalho implicou um crescimento exponencial da produtividade.

O processo de separação entre produção e consumo, já em curso, acelerou-se. Nessa época, os que vendiam sua força de trabalho em troca de um salário não eram mais donos dos meios de produção (ferramentas e máquinas, dinheiro, matéria-prima) e só consumiam o que compravam. Assim, o próprio *mundo do trabalho* foi decisivamente modificado.

Embora o número de trabalhadores das fábricas capitalistas tenha crescido lentamente, dando um salto significativo apenas na segunda metade do século, são suas condições de vida e trabalho que se tornam uma das faces mais visíveis do processo de industrialização, ganhando destaque nos debates da época.

OS TRABALHADORES NA POLÍTICA

As condições de vida e trabalho dos operários desse novo mundo da indústria chamaram a atenção dos contemporâneos por serem muito distintas daquelas de uma vida comunitária em que havia um mínimo de segurança social (expresso, por exemplo, pela garantia do sustento em casos de doença ou de invalidez) e de autonomia no desempenho das atividades produtivas. Na *nova fábrica capitalista*, o trabalhador não dependia mais de um conhecimento específico para a realização das tarefas da produção. O *ofício* deixou de ter lugar nesse mundo e os trabalhadores fabris se tornaram simplesmente mão de obra sem qualificação específica, sendo peças substituíveis no processo de produção. Contrastado com a relativa liberdade da produção industrial tradicional, um dos traços desse novo mundo da indústria capitalista foi a submissão dos ritmos do trabalho humano àquele das máquinas e, consequentemente, a coordenação centralizada da atividade de operários dos diversos setores da produção.

Com isso, o *controle* passou a ter uma importância decisiva na nova forma de organizar a produção: velocidade, coordenação, ritmo eram garantidos por novas formas de enquadramento que iam desde as multas em dinheiro por atraso, por lentidão no ritmo do trabalho e por comportamentos julgados inadequados até o uso bastante disseminado da violência física: o cinto e o chicote se tornaram instrumentos regulares de administração da produção fabril.

Além disso, os trabalhadores dependiam agora totalmente do seu salário para sobreviver. Contudo, os salários, em especial na primeira fase da industrialização, eram em geral suficientes para não mais que a manutenção de um indivíduo, fazendo com que os diversos membros da família precisassem de um emprego assalariado. Nesse sentido, à medida que a família deixava de ser a unidade de produção fundamental da sociedade (pelo fato de as atividades produtivas se concentrarem na fábrica), homens, mulheres e crianças eram arrastados para a situação de assalariamento.

O próprio espaço de trabalho nas fábricas era também muito distinto daquele de produção doméstica. As fábricas eram lugares escuros e insalubres, com pouca circulação de ar, onde os trabalhadores – homens, mulheres e crianças – chegavam a passar entre 12 e 16 horas por dia. Nessa época, as relações de trabalho não estabeleciam quaisquer tipos de compensação nos casos (frequentes) de acidentes, não raro seguidos de mutilações e de mortes.

EXCERTO DE UM TESTEMUNHO DE ELIZABETH BENTLEY DADO A MICHAEL SADLER, MEMBRO DO PARLAMENTO INGLÊS, QUE EM 1832 PRODUZIU UM RELATÓRIO SOBRE AS CONDIÇÕES DOS OPERÁRIOS NA INGLATERRA

Qual a sua idade?

23. [...]

Quando você começou a trabalhar na fábrica?

Quando eu tinha seis anos. [...]

Qual era o seu horário de trabalho?

De 5 da manhã até 9 da noite [...]

[O seu trabalho] a obriga a ficar muito de pé?

Sim. São tantos os teares e eles são tão rápidos que não se tem tempo pra nada.

Suponha que você diminuísse o ritmo ou se atrasasse, o que eles faziam?

Eles nos batiam com um cinto.

Eles têm o hábito de bater naqueles que são os últimos a substituir os carretéis cheios pelos vazios?

Sim.

Constantemente?

Sim.

Tanto meninas quanto meninos?

Sim.

Já bateram em você? *Gravemente*?

Sim.

[...]

Você comia bem na fábrica?

Não. Eu não tinha muito pra comer e o pouco que eu tinha, eu não conseguia comer; meu apetite era tão pequeno e eu estava sempre coberta por poeira. E não adiantava querer levar pra casa; o que eu não conseguia comer o supervisor recolhia e dava aos porcos.

[...]

Suponha que você não tivesse chegado na hora de manhã, qual teria sido a consequência?

Seríamos multados.

O que você quer dizer com isso?

Se chegássemos 15 minutos atrasados, eles nos tomariam meia hora do pagamento. Nós recebíamos só um penny por hora e, então, eles tomariam meio penny.

[...]

Já bateram em você por chegar tarde?

Não, mas eu já os vi baterem em meninos que chegavam atrasados.

Extraído de OUTMAN, James L.; OUTMAN, Elisabeth. *Industrial Revolution. Primary Sources.* Detroit: Thomson Gale, 2003, pp. 107-8. Tradução nossa.

O resultado disso tudo é a formação de um novo tipo de *ambiente social* nas regiões industriais inglesas. Em certos relatos de escritores contemporâneos, esse ambiente social foi retratado em estilo semelhante àquele das narrativas de viagem: a descrição de um mundo estranho e distante.

Entre os escritores que se dedicaram a ele, houve até mesmo aqueles que, como o político conservador e futuro primeiro-ministro britânico Benjamim Disraeli, se cercaram de cuidados para garantir a credibilidade de seus textos. Em seu livro sobre as condições de vida dos trabalhadores ingleses, publicado em 1845 com o sugestivo título de *Duas nações* (referindo-se aos pobres e aos ricos), ele registrou que, mesmo não tratando nada que não fosse verdadeiro, suprimiu "muito do que é genuíno", porque "nós conhecemos tão pouco do estado de nosso próprio país, que o ar de improbabilidade que toda a verdade inevitavelmente traria iria fazer com que muitos abandonassem a leitura".

Peter Gaskell, um médico liberal que vivia perto de Manchester, e que publicou, em 1833, *The Manufactoring Population of England*, foi outro que tratou de apresentar aos leitores o mundo "exótico" dessa industrialização de novo tipo. Observando a saída de trabalhadores das grandes fiações de algodão, ele anotou nunca ter podido imaginar "um conjunto tão feio de homens, mulheres, meninos e meninas", pessoas de "pele amarelada e pálida, peculiarmente magros, o que é causado pela falta de uma quantidade adequada de tecido adiposo para arredondar as bochechas". O estranhamento também o acompanhou ao descrever as moradias dos bairros operários, que "apresentam muitas das características da vida selvagem. Sujas, sem mobília, desprovidas de todos os acessórios para a decência e o conforto".

Embutida na surpresa e no estranhamento, tão comuns nesses relatos, tem-se a sensação de que a novidade é tamanha que as experiências anteriores, inclusive com condições de pobreza e carência, não eram capazes de servir de referência para dar sentido àquilo que a nova a indústria capitalista tinha trazido para o mundo do trabalho.

De fato, é enorme a distância que passou a separar o trabalhador tradicional, tanto do campo quando da cidade, daquele que, despossuído, sem ferramentas ou outros bens que não sua força de trabalho, se tornava, junto das máquinas, a mola mestra da nova indústria capitalista: desqualificado, substituível, mal pago, exaurido pelas longas horas de trabalho e pelos maus-tratos recebidos.

Em princípios do século XIX, esse novo tipo de trabalhador, que passa a acompanhar a expansão geográfica da industrialização, ganha expressão por meio do reavivamento de um termo antigo: *proletário*. Emerge a ideia de que os proletários não apenas são diferentes de outros tipos de trabalhadores, como também, experimentando condições semelhantes de vida e de trabalho, conformam um grupo à parte na sociedade, cujos membros têm interesses comuns entre si e contraditórios em relação aquele ao qual se opõem: o patrão capitalista, movido pelos imperativos de maximizar os lucros e de minimizar os gastos.

Na primeira fase da industrialização, o *capitalista*, em geral, não tinha dúvida de que a condição fundamental para lucrar era estender o máximo possível o número de horas de trabalho e manter o mais baixo possível o salário dos trabalhadores. Era disso que o capitalista extraía a fatia significativa de seus ganhos e é nisso que se funda uma contradição constitutiva desse novo mundo da indústria: aquela entre *capital* e *trabalho*. A linha que antes separava *pobres* e *ricos* foi deslocada e se tornou mais específica, separando *proletários* e *capitalistas*.

Essa percepção, longe de ser natural, é gestada e se afirma em movimentos reivindicatórios de trabalhadores que dão as marcas para um novo tipo de experiência coletiva: a formação de uma *classe* de proletários (*proletariado*), que é, ao mesmo tempo, filha da indústria e da forma como os trabalhadores, como grupo, se relacionaram com a industrialização.

No momento inicial em que a nova indústria se estabelecia, experiências concretas de mobilização e organização herdadas do passado foram retomadas. Manifestações e protestos seguidos de violência, em alguns casos culminando com destruição de propriedades e de bens dos empregadores como forma de forçar a negociação, já compunham o repertório dos instrumentos de luta no mundo da indústria tradicional na Inglaterra.

No mundo da indústria capitalista, passa a ser constante a partir de fins do século XVIII a mobilização de trabalhadores que não raro culminava em motins com o objetivo de parar a produção, fazendo uso até mesmo de danos à unidade fabril.

Reagindo a isso, o Parlamento inglês aprovou, em 1799, o *Combination Act*, uma lei que proibia a criação de associações e uniões de trabalhadores para, coletivamente, negociar condições de trabalho e salário.

Entre 1811 e 1812, em uma conjuntura de crise para a indústria, um conjunto grande de levantes operários, sem precedentes em sua extensão e radicalidade, teve lugar nas regiões de produção têxtil inglesas. Ficaram conhecidos como "Revoltas Ludistas" e começaram nas indústrias de produção de meias em Nottinghamshire.

Com o objetivo de diminuir o valor dos salários, os donos das tecelagens haviam definido que, no lugar de serem produzidas em teares específicos, operados por trabalhadores com alguma especialização, as meias seriam costuradas a partir de moldes recortados de malha produzida em grandes teares. Com isso, o trabalho especializado de tecer meias, mais caro, foi dispensado e substituído pelo trabalho infantil. As iniciativas dos tecelões de solicitar a intervenção do Parlamento e de autoridades locais para que regulassem o nível dos salários e o emprego foram todas infrutíferas. Paralelamente, cartas assinadas por um certo "Capitão" ou "General Ludd" ameaçaram os proprietários das fábricas caso a situação não fosse alterada. Em reação à continuidade das dispensas de operários, a partir do início de 1811, começaram a ocorrer ataques, que se estenderam até fevereiro de 1812 e deixaram como saldo a destruição de pouco mais de mil teares. O propósito da revolta era claro: forçar o recuo dos proprietários na dispensa de trabalhadores para a diminuição de salários.

O nome de "Ludd" reaparece em outras regiões em que ocorrem motins com destruição de fábricas e máquinas. E mesmo sendo movimentos com propósitos e orientação distintos daqueles dos tecelões de Nottinghamshire, como os motins gerados pela fome (*Food Riots*) de 1812, cujo foco era os preços dos alimentos e que envolveram não somente trabalhadores das indústrias, todos acabam denominados genericamente de *ludistas*.

Os movimentos ludistas acabaram duramente reprimidos, mas disseminaram medo entre as elites e inspiraram novos protestos entre os anos de 1817 e 1819, que acabam por fazer com que o Parlamento finalmente considerasse o tema da regulação das relações de trabalho. Cedendo a pressões, o Parlamento aboliu, em 1825, a lei de 1799, voltando a ser permitidas a associação e a proposição de petições coletivas dos trabalhadores nas questões relativas a salário e a tempo de trabalho.

A novidade nesse momento foi o florescimento de *sindicatos* nos ramos da nova economia industrial e o alastramento de sua atividade para além da negociação direta a respeito de salário e de condições de trabalho.

Os operários da indústria têxtil inglesa, tendo se organizado em uma União Geral dos Tecelões em 1829, conseguiram impulsionar a criação de uma Associação Nacional para a Proteção do Trabalho em 1830, que chegou a reunir 100 mil trabalhadores, incluindo metalúrgicos e mineiros. A ação mais regular a partir de sua criação foi a de lutar pela ampliação do direito ao voto, a partir da ideia de que boas leis poderiam alterar a natureza das relações de trabalho e das condições de vida dos trabalhadores.

Em finais de 1831, quando o Parlamento rejeitou um projeto de lei que ampliava muito modestamente o universo de eleitores, distúrbios espontâneos foram registrados em diversos pontos do país, apavorando os setores dominantes com o espectro da revolução social. Para acalmar os ânimos, um novo projeto de lei foi apresentado e, em março de 1832, foi aprovado o *Reform Act*, que, dentre outras coisas, diminuía (timidamente) a renda necessária para exercício do voto, ampliando o número de votantes para em torno de 5% da população da Inglaterra e do País de Gales. Essa lei acabou não tendo impacto significativo para os trabalhadores.

Mas a própria experiência da pressão sobre o Parlamento traria nos anos seguintes saldos positivos em termos de organização política: em 1836 foi estabelecida a Associação de Trabalhadores de Londres, que também se propunha a ser uma entidade de representação geral de trabalhadores e tomou o tema do direito ao voto como uma de suas bandeiras.

Desse espaço associativo surge um movimento que vai marcar a Grã-Bretanha na década seguinte: o *cartismo*. Nele estão embutidas duas ideias-força: a de que a solução da "questão social" seria possível com reformas na legislação e a de que uma sociedade mais justa implicava a possibilidade de os cidadãos tomarem parte, de forma igualitária, nos processos políticos. Esses princípios foram materializados no documento que, publicado em 1838, deu nome ao movimento: *A Carta do Povo*. Trata-se de um esboço de lei com seis pontos que propunha uma reforma radical do processo eleitoral e mudanças no próprio funcionamento do Parlamento: sufrágio universal e abolição do voto censitário, parlamentos eleitos anualmente, representação igualitária pelas regiões, pagamento para os membros do Parlamento e voto secreto e em urna.

Após a publicação da *Carta*, um número enorme de atos públicos por todo o país, em especial em regiões industriais, reuniu milhares de pessoas. Só no ato de Manchester, em 25 de setembro de 1838, estima-se que em torno de 250 mil pessoas estiveram presentes.

O radicalismo democrático de inspiração jacobina se torna uma bandeira que produz, nos anos seguintes, um grau de organização inédito entre trabalhadores por toda a Grã-Bretanha: 280 associações locais com 20 mil membros afiliados no final de 1841, chegando, em finais de 1842, a existir um pouco mais de 400 associações com em torno de 70 mil membros estáveis.

Contudo, a primeira petição, assinada por mais de um milhão de pessoas até junho de 1839, não foi, por decisão de larga maioria do Parlamento, nem sequer lida – recusa compreensível, visto que o projeto cartista incidia radicalmente sobre o controle do processo eleitoral e do Parlamento exercido pelas elites de então. Ele colocava em questão os pilares da ordem liberal excludente que se afirmara na Grã-Bretanha: o direito a voto somente para 18% da população masculina e adulta, a exigência de posse de propriedades para ser eleito, o voto aberto, entre outros.

O desprezo do Parlamento por suas reivindicações motivou a radicalização do movimento. No ano de 1842, em meio a uma crise econômica e a uma onda de redução de salários, grupos cartistas participaram com destaque em greves e levantes, como os ocorridos em Lancashire e Yorkshire.

As ondas repressivas que se seguiram e a continuidade do silêncio do Parlamento em relação às demandas cartistas produziram um lento declínio do movimento já a partir da segunda metade dos anos 1840. Mesmo assim, o tema do exercício da cidadania plena pelos trabalhadores, significando a luta para que eles pudessem votar e ser votados, não deixaria de ser trazido a público pelas organizações operárias a partir de então.

Na Europa continental, o ritmo diferenciado da industrialização acarretou no fato de que organizações especificamente operárias passassem a ter relevância só na segunda metade do século. Emergindo na segunda metade dos anos 1840, algumas dessas organizações acabariam proibidas em meio à onda repressiva que se seguiria à Revolução de 1848, mas voltariam à cena a partir da década de 1860.

Tanto na ilha quanto no continente, o movimento operário foi um fenômeno que acompanhou a geografia da industrialização. Ao novo mundo da indústria correspondeu um novo mundo do trabalho que não tardou a produzir também um novo mundo da política, com novos atores, novos programas e novas práticas.

A política: restauração, liberdade e igualdade de 1815 a 1848

Uma das novidades de maior impacto que as revoluções do século XVIII e princípios do XIX trouxeram foi uma *percepção da política* muito distinta daquela que estruturava as sociedades tradicionais.

De fato, ao longo do século XIX, a política foi deixando o espaço reservado de gabinetes governamentais e passou a fazer parte do *espaço público*: decisões de governo passaram a ser não só tomadas, elas agora eram justificadas, explicadas, transmitidas a um público que as ouvia e reagia a elas. Essa situação foi fruto de um longo processo, não ocorreu de um momento para outro.

Das muitas coisas que contribuíram para isso, tem destaque inegável o vigor dos movimentos que, na primeira metade do século, reuniram circunstancialmente liberalismo, nacionalismo e aspirações de reforma social.

Cada um a seu modo, todos contribuiriam decisivamente para que a política mudasse de feições na Europa ao longo do século. Mas, curiosamente, no início do século, o ineditismo das aspirações democráticas foi empurrado para debaixo do tapete: *restaurar* foi o verbo que se impôs pelos que partilhavam dos valores e hierarquias do Antigo Regime. Sua tarefa primeira foi desfazer o que a influência da Revolução Francesa e o Império napoleônico haviam produzido na Europa.

O IMPÉRIO NAPOLEÔNICO E O CONGRESSO DE VIENA

Os triunfos quase ininterruptos dos exércitos franceses a partir de 1794, e em especial a partir das brilhantes vitórias na península itálica sobre austríacos e piemonteses em 1796, resultaram no controle efetivo de Napoleão sobre a Europa continental após as vitórias em Austerlitz em 1805 sobre russos e austríacos e, em Jena, em 1806, sobre os prussianos.

Isso fez desmoronar o edifício do sistema dos Habsburgo, que envolvia centenas de Estados (reinos, principados, ducados e cidades independentes), tanto no Sacro Império Romano Germânico quanto na península itálica.

Mas não somente a estrutura de Estados europeus foi progressivamente desfeita. Junto aos exércitos franceses, marcharam também as instituições da França revolucionária. Elas foram desconstituindo a arquitetura das sociedades tradicionais do Antigo Regime, suas ordens e privilégios, a servidão e a estrutura política e administrativa, redesenhando e desfragmentando o mapa político europeu.

Em 1812, o Império de Napoleão englobava metade do continente. A França anexou territórios que se estendiam desde o centro da península itálica até norte da Europa Central. Além disso, Estados pequenos foram reunidos em Estados maiores, e Estados satélites ou aliados foram erguidos nas fronteiras da França sob o controle direto de Napoleão ou de membros de sua família.

O impacto das Guerras Napoleônicas no mapa político da Europa

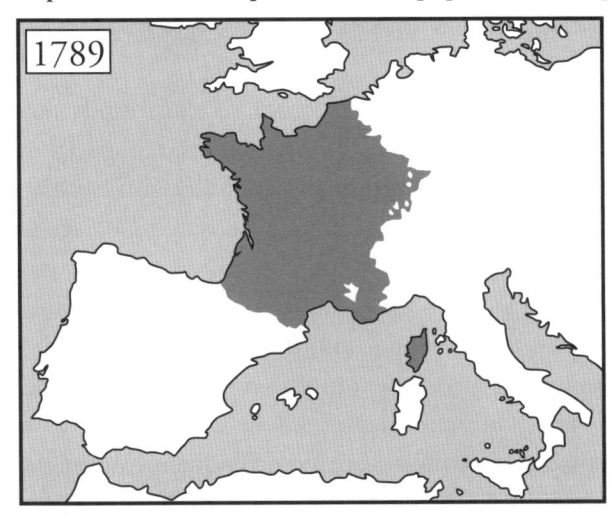

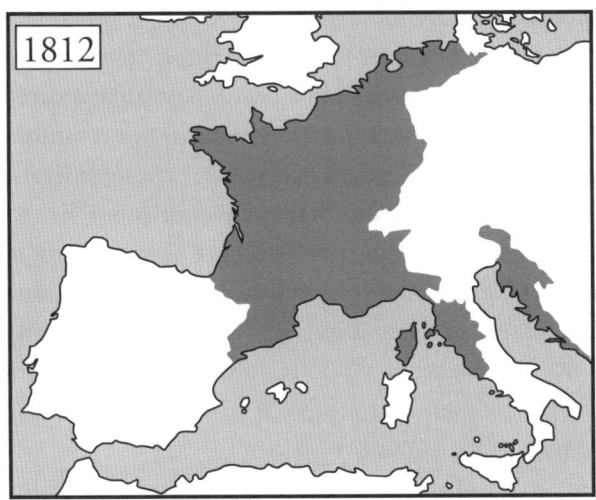

Durante as guerras napoleônicas,
viu-se a expansão
do território francês na Europa Central
e na península italiana.

Esse redesenho político e administrativo atendeu aos interesses imediatos da administração imperial francesa: onde a fragmentação política era grande, unidades maiores foram constituídas, facilitando a gestão e o recolhimento de impostos e obrigações. E isso porque, em nome da mobilidade, os exércitos napoleônicos extraíam das regiões ocupadas seu abastecimento.

Além disso, a Europa napoleônica foi constituída tendo em vista a concorrência da França com outras potências, especialmente a Grã-Bretanha. Esse é o contexto no qual Napoleão, em resposta ao bloqueio naval inglês das áreas costeiras da França, decreta o *Bloqueio Continental* – instituído em 1806, ele proibia o comércio com os ingleses no continente.

Até 1810, tendo imposto seu domínio por quase toda a Europa, Napoleão parecia ter construído um império inabalável até que a Rússia resolveu abandonar o sistema em função dos prejuízos trazidos para o seu próprio comércio. Dois anos depois, a França invadiu a Rússia com o objetivo de enquadrá-la e fazê-la respeitar o Bloqueio Continental.

A Campanha da Rússia de 1812 foi, sem dúvida, o ponto de virada na preponderância francesa no continente.

Mesmo tendo entrado na Rússia com um exército experimentado de mais de 600 mil homens, e chegado a ponto de ocupar a capital do Império, a Campanha empreendida por Napoleão foi um retumbante fracasso. Em momento nenhum seu exército enfrentou, como esperava, uma batalha decisiva em que pudesse derrotar o adversário por sua superioridade técnica e numérica. O exército russo recuou progressivamente deixando atrás de si um território com infraestrutura e plantações destruídas, tirando do exército de ocupação a possibilidade de extrair dele seu abastecimento. Tendo chegado até Moscou, Napoleão também encontrou uma cidade abandonada e parcialmente destruída. E o imperador russo, Alexandre I, não estava lá para assinar um armistício.

A Campanha, que começara em junho, no verão, culminou com a chegada a Moscou em setembro, no frio e úmido outono russo. Sem abastecimento e sem ter imposto uma derrota decisiva aos russos, não restou alternativa a Napoleão a não ser a de retirar-se com seus homens.

Entre meados de outubro e dezembro, sem preparação para um inverno que teve temperaturas de até -22ºC, a retirada do exército napoleônico deixou um saldo trágico: ao lado da perda de material, foram abandonados nos campos russos, à medida que os cavalos de transporte iam morrendo ou sendo usados para alimentar as tropas, perto de 480 mil homens – mortos (por fome, fadiga e doenças), prisioneiros ou desertores.

Com a perda de potência militar, a França enfrentou, a partir de 1813, a reação das potências europeias unidas em uma *Terceira Coalizão* formada pelos seus velhos inimigos. Tendo derrotado os franceses em Leipzig em outubro, as forças da coalizão chegam a Paris em 1814 e, formalmente, dissolvem o Império de Napoleão, forçando sua abdicação em abril.

Seis meses depois, as potências vencedoras se encontram em Viena para um Congresso que duraria até o verão de 1815, o qual se tornou um marco da tentativa de fazer com que o relógio da história andasse para trás. Os soberanos buscaram *restaurar* os dois pilares da ordem dinástica europeia que a Revolução Francesa havia solapado: a legitimidade monárquica e o antigo equilíbrio entre as potências.

A restauração

Os porta-vozes e guardiões da ordem que emergiria da conferência foram os representantes dos Impérios Austríaco e Russo, da Prússia e da Inglaterra; suas palavras de ordem eram "paz, estabilidade e legitimidade".

O Congresso tratou de problemas variados, mas particularmente difícil foi estabelecer as fronteiras dos Estados. A intervenção napoleônica, em alguns casos, havia resolvido antigos problemas de excessiva fragmentação política. A dissolução de diversos Estados pequenos ou minúsculos no Sacro Império Romano Germânico simplificara a política na Europa Central e, do ponto de vista das potências signatárias, isso não era ruim. Assim, mesmo que o princípio da *restauração* pairasse sobre todas as negociações, a ideia de reconstituir de forma precisa as antigas fronteiras dos Estados não foi seriamente defendida por nenhum dos participantes.

Restituídas foram as antigas dinastias em 18 Estados. À dinastia dos Bourbon na França foi garantida a quase integridade do seu antigo território. A Rússia conseguiu estender suas posses até a Europa Central, incorporando uma parcela do antigo Reino da Polônia que antes pertencia à Prússia. À Prússia foram concedidas partes da Saxônia, da Renânia e da Vestfália, na região ocidental do antigo Sacro Império. A Áustria retomou suas possessões do Tirol, da Caríntia, de Trieste e da Galícia, além de colocar membros da Casa dos Habsburgo em tronos de principados no norte e no centro da península itálica. Além disso, a Áustria abriu mão dos Países Baixos Austríacos (*Belgicum Austriacum*), que acabaram reunidos com a Holanda para formar o Reino Unido dos Países Baixos, que incorporou também o principado de Luxemburgo.

Por último, o Congresso de Viena concordou com a ideia do barão Von Stein de fazer dos Estados que haviam composto o antigo Sacro Império uma liga federada: a Liga Alemã.

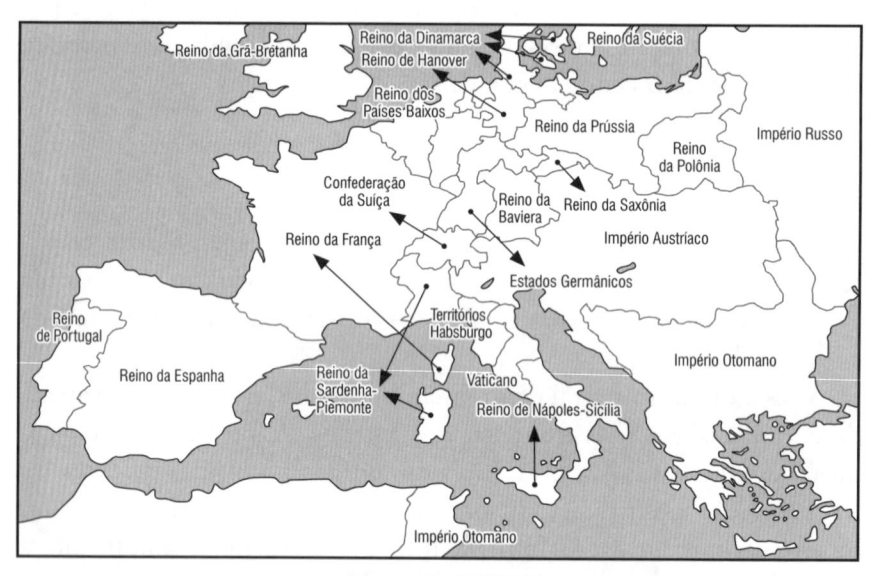

Europa em 1815.

Além disso, dois tratados consolidaram a ideia de que a estabilidade na Europa dependeria de um tipo de relação entre os Estados fundada na garantia da legitimidade monárquica.

O primeiro deles derivou de uma iniciativa do czar Alexandre de proclamar, junto com os monarcas da Áustria e da Prússia, uma *Santa Aliança,* que estabeleceu dois princípios que marcariam a política europeia no período que se seguiu: seus membros eram parte de uma irmandade cristã de monarcas; e estavam dispostos a "em todas as ocasiões e em todos os lugares, prestarem ajuda mútua para proteger a religião, a paz e a justiça". Com isso, o tratado tornou-se um instrumento diplomático poderoso, em especial nas mãos do chanceler austríaco, o príncipe Klemens von Metternich, porque significava, em tempos revolucionários, admitir a intervenção dos aliados em assuntos domésticos como meio para garantir o *status quo*. Além disso, estabelecia como norma a igualdade entre os monarcas, e o equilíbrio na relação entre os Estados, dissolvendo pretensões à hegemonia política no continente.

Uniram-se, pouco mais tarde, a essa Santa Aliança todos os outros monarcas europeus, com exceção do sultão do Império Otomano, do papa e do rei da Inglaterra.

Tão ou mais significativo para a política europeia que a Santa Aliança seria o Tratado da Quádrupla Aliança firmado entre Grã-Bretanha, Áustria, Prússia e Rússia e para o qual mais ninguém foi convidado. Assinado em Paris, a 20 de novembro de 1815, reafirmava a ideia da possibilidade de uma ação conjunta, *concertada*, desses Estados para garantir a manutenção da ordem internacional; suas resoluções seriam tomadas por meio de conferências e consultas regulares: estava assim constituído o Concerto da Europa, um quadro institucional que prometia ser um instrumento para solucionar as questões diplomáticas entre as potências.

Mas, para além desses ajustes, *retroceder no tempo* não foi tarefa simples. De fato, os limites da obra restauradora do Congresso de Viena demonstraram que os princípios e valores que sustentavam as monarquias absolutistas e as instituições do Antigo Regime estavam inegavelmente em processo de erosão.

Mesmo na França, a monarquia mais profundamente afetada pela Revolução, a restauração do trono na pessoa de Luís XVIII foi inicialmente menos profunda do que desejaram os restauradores, não sendo possível o restabelecimento de um sistema monárquico absolutista. Luís XVIII tornou-se monarca em um sistema constitucional que contava com uma Câmara de representantes eleitos (ainda que com base em sistema censitário bastante restritivo) e com garantia de direitos civis.

Em todos os outros lugares na Europa Central e Ocidental, o constitucionalismo, os direitos civis e a liberdade econômica se tornaram a bandeira de movimentos políticos liberais, a primeira força motora de contestação da ordem em escala continental do século XIX. A emergência mesma desses movimentos é um sinal de que as bases do Antigo Regime não eram tão sólidas quanto antes.

Seguindo a geografia do liberalismo nesse momento, é nítida a coincidência entre as áreas em que movimentos liberais foram mais fortes com as áreas onde se desenvolviam atividades administrativas, intelectuais, comerciais e industriais: as cidades, em especial as capitais e a Europa Centro-Ocidental.

Seus protagonistas, com raras exceções, são pessoas oriundas dos setores médio-urbanos ou de elites econômicas urbanas: intelectuais, juristas, funcionários de Estado, militares (em especial os de patente mediana), comerciantes e manufatureiros e clérigos. Nesse mundo ainda largamente agrário, o liberalismo se mostra, em seus primórdios, um movimento de oposição aos grandes proprietários rurais, quase sempre nobres, e à alta hierarquia eclesiástica, firmes defensores dos valores, hierarquias e privilégios de uma sociedade de ordens.

Nesse sentido, os movimentos que se articularam em torno de um programa liberal tinham em comum os mesmos inimigos: na política, o absolutismo e a centralização; na economia, um Estado intervencionista, protecionista e dirigista típico do que se convencionou chamar de "mercantilismo"; e, na sociedade, a sociedade de ordens, em que o lugar do indivíduo no mundo era formalmente atribuído pelo nascimento.

É desse conjunto que são retirados os fundamentos que, mesmo com ênfases diferentes ao longo do tempo, passarão a acompanhar o pensamento e os programas liberais.

Sob esses fundamentos são constituídos programas de diferentes matizes que, aos poucos, corroem as bases dos poderes estabelecidos na Europa até o final da primeira metade do século. Movimentos inspirados por essas ideias sacodem o sul da Europa em princípios dos anos de 1820.

OS MOVIMENTOS DA DÉCADA DE 1820

Tendo se iniciado na Espanha, em 1820, essas revoltas logo atingiram Portugal, o Reino das Duas Sicílias, no sul da península itálica, e o de Sardenha-Piemonte, ao norte e, pelas mãos dos separatistas gregos, a porção europeia do Império Otomano.

O caso espanhol foi exemplar: a emergência do movimento liberal na Espanha é indissociável tanto da luta contra a ocupação francesa quanto da disputa entre os que buscavam restabelecer o absolutismo e os que apostavam em uma monarquia constitucional. Estes últimos começaram em vantagem. Ainda em 1808, comitês locais (*Juntas*), nos quais se destacava a nobreza provincial, foram reunidos em uma *Junta Suprema* e convocaram a assembleia do Reino (as *Cortes*) com representantes de todas as províncias para restabelecer um governo legítimo. Como parte significativa do território espanhol estava sob o domínio napoleônico, o trabalho das Cortes foi feito em *áreas livres* e sua composição seguiu essa tendência. Estabelecida, por fim, na cidade de Cádiz, no sul, ocupada pelos ingleses, as Cortes acabaram por ter uma representação majoritária de membros do Terceiro Estado, com destaque para advogados, e de clérigos (1/3 da assembleia). A nobreza ficou claramente sub-representada: não mais que 1/6 dos deputados.

Com essa composição, sensível ao pensamento iluminista e à experiência francesa de construção de uma monarquia constitucional, essas Cortes elaboraram uma Constituição que seria promulgada em 1812. Ela foi obra dos *liberales* espanhóis, os primeiros a usar o termo como definição de um campo político. A Carta tomava como inspiração a Constituição francesa de 1791: abolia laços e privilégios feudais e de ordens, instituindo uma monarquia constitucional.

Em 1814, com a vitória sobre as forças de ocupação de Napoleão, Fernando VII, que havia sido forçado a abdicar em 1808 pelos franceses, foi reconduzido ao trono e, contrafeito, prestou juramento à Constituição de Cádiz. Porém, pouco tempo depois, com amparo na nobreza provincial, ele a suspendeu e reprimiu duramente os liberais, reinstituindo um regime absolutista na Espanha, que se manteve até 1820, quando uma bem-sucedida revolta dos liberais conseguiu forçar o rei a implementar a Constituição de Cádiz.

Dois anos depois, alarmadas com o risco de o exemplo espanhol produzir instabilidades no sistema *restaurado*, as potências europeias acolhem o pedido de Fernando VII e aprovam o envio de tropas para debelar a rebelião liberal e restaurar a monarquia absolutista na Espanha.

* * *

Sensivelmente distinto foi o caso da Guerra de Independência na Grécia, região pertencente ao já enfraquecido Império Otomano e que há tempos era sacudida por revoltas que escapavam por vezes ao controle do sultão.

Em 1821, membros de uma sociedade secreta chamada *Filiki Eteria* (Sociedade de Amigos), fortemente influenciada pela maçonaria, deram início a uma rebelião com o propósito de dar autonomia a diversas regiões cristãs do Império Otomano e, na Grécia, constituir uma república unificada.

Mesmo presente no Peloponeso, a maior parte dos membros da Filiki Eteria (oriundos de setores médio-urbanos: comerciantes, membros do clero, intelectuais e militares) vivia em centros europeus. E é no exterior, ou seja, fora do Império Otomano, que um pequeno exército é formado e se põe em marcha em direção ao sul. Frágil e sem muito apoio, esse exército acaba sendo neutralizado com facilidade pelo sultão. Contudo, no nordeste do Peloponeso inicia-se um outro levante, em que adeptos da Filiki Eteria tomaram parte, que acaba se espalhando pela região.

As primeiras reações ao levante grego por parte dos governantes otomanos atingiram membros do clero ortodoxo, por seu poder de influência sobre as populações cristãs. Em seguida, os otomanos promoveram ataques a propriedades de gregos e atrocidades contra a população civil por todo o Império.

Ainda assim, em 1822, Constituições locais foram promulgadas pelos revoltosos e, em março de 1823, substituídas por uma que tinha pretensões de fazer das três regiões históricas distintas (o Peloponeso, a parte continental e as ilhas Egeias) uma única unidade política.

Mesmo tomando a proteção de cristãos e do cristianismo no Império Otomano como bandeira, a rebelião não contou, inicialmente, com apoio das potências da Santa Aliança. O fato de ser um levante baseado em um projeto liberal contra um Império estabelecido não animou os membros da Santa Aliança, que deixaram o caso dos gregos aos cuidados exclusivos do sultão.

O conflito assumiu o caráter de uma "guerra civil" e se arrastou pela década de 1820 com enfraquecimento progressivo das forças rebeldes.

Em meados dos anos 1820, Inglaterra, Rússia e França, interessadas na região, propuseram a criação de um Estado monárquico grego que, mesmo continuando a ser parte do Império Otomano, seria *autônomo*. Mas a proposta foi recusada pelo sultão.

A intervenção militar direta dessas potências a partir de 1827 alterou a correlação de forças de forma definitiva em favor dos rebeldes e, finalmente, resultou na criação de um Estado grego independente. Favoráveis ao princípio dinástico, as potências pressionaram para que a direção do país fosse entregue a Otto von Wittelsbach, filho do rei da Baviera que se tornou, em 1832, rei de uma Grécia sem Constituição e moldada pelos princípios políticos do Antigo Regime.

O caso grego tem características que o diferenciam das outras revoltas dos anos 1820. Por um lado, ele envolveu ampla comoção e um alto grau de mobilização entre setores liberais europeus partidários da independência grega. Por outro, a intervenção de potências que eram fiadoras dos princípios da restauração contribui para relativizar a solidez desses mesmos princípios. Pois, mesmo movida por interesses políticos na região e mesmo negando o impulso liberal do movimento, a intervenção das potências europeias no conflito se deu *contra a legitimidade dinástica* do sultão, o que acabou por autorizar publicamente os rebeldes ainda que indiretamente e a contragosto.

Com isso, a crise grega serviu de combustível para os ânimos dos liberais europeus e foi, explicitamente, tomada como referência pelos protagonistas de uma nova onda de revoltas, que estoura em 1830 e coloca em questão a legitimidade dinástica em escala europeia.

AS REVOLUÇÕES DE 1830

A onda revolucionária de 1830 teve início com a chamada "Revolução de Julho" em Paris. Carlos X, sucessor de Luís XVIII, e sensivelmente mais disposto que seu antecessor a reinstituir o absolutismo monárquico, respondeu a uma derrota eleitoral assinando as Ordenanças de Julho, que dissolveram o Parlamento, reduziram ainda mais o já pequeno número de eleitores e suprimiram a liberdade de imprensa.

Os protestos começam a se dar em Paris em 26 de julho e, no dia seguinte, se transformam em luta aberta nas ruas entre os manifestantes e as tropas legalistas. Bandeiras tricolores e velhos personagens dos tempos revolucionários de 1789 voltaram à cena em um levante que mobilizou amplamente a sociedade parisiense. Barricadas foram erguidas em um movimento que viu ressurgir como força política, ao lado de setores da burguesia liberal, os trabalhadores pobres de Paris e, em meio a eles, os ainda poucos proletários, filhos da Revolução Industrial. O que os unia era o descontentamento com a supressão de conquistas liberais e com a ameaça de reconstituição de uma monarquia absoluta.

Diante de tal reação, Carlos X abdicou, em 2 de agosto, a favor do neto, seu sucessor. Porém, o Parlamento desconsiderou a linha sucessória baseada no princípio da legitimidade dinástica e declarou Luís Felipe, o duque de Orleans, de uma linha colateral aos Bourbon e sensível às demandas liberais, "Rei dos Franceses". Com a sua coroação em 15 de agosto, teve início a *Monarquia de Julho* (1830-1848), um sistema monárquico constitucional que representou a vitória dos liberais contra o restabelecimento do absolutismo na França.

* * *

Dez dias depois da coroação de Luís Felipe na França, uma rebelião estourou em Bruxelas, nos antigos Países Baixos Austríacos, que em 1815 haviam sido anexados ao Reino da Holanda, ao Norte, para formar o Reino Unido dos Países Baixos. Uma longa história de luta por autonomia por parte do Sul, católico, fez de sua submissão ao Norte, majoritariamente calvinista, um foco permanente de tensões. A diferença religiosa ajudava a alimentá-las.

A rebelião foi a culminação de uma crise gerada pela insatisfação das elites agrárias e urbanas do Sul com a perda de sua autonomia, mas principalmente com os privilégios dados ao Norte protestante na ocupação de funções do Estado e na Assembleia do reino. As tentativas do rei Guilherme I de uniformizar o reino linguisticamente, declarando o holandês como língua oficial em províncias do Sul, e de controlar a Igreja e expandir o protestantismo para as províncias católicas só fizeram aumentar a revolta.

Isso produziu na Bélgica uma combinação rara entre campos políticos que seguiam, até então, caminhos separados: os católicos, marcadamente conservadores, e os liberais. Esses dois campos se reuniram a partir de 1828 em torno um programa comum que garantia liberdades civis, constitucionalismo e autonomia da Igreja sobre assuntos da religião e do ensino.

A rebelião se expande após expulsar tropas holandesas que haviam sido enviadas ao Sul para contê-la. Culmina com a indicação de um governo provisório que declara, em 4 de outubro, a independência belga, que seria internacionalmente reconhecida em 1831. Em novembro de 1830, é eleito um Congresso Nacional encarregado de elaborar uma Constituição que foi aprovada em princípios de 1831. Com ela, a Bélgica se torna uma monarquia parlamentar, com divisão de poderes e liberdades civis, apesar de baseada em um voto censitário limitado a aproximadamente 1% da população. O mesmo Congresso elege Leopold, da casa dinástica de Sachsen-Coburg e Gotha, ducado da Confederação Alemã, como monarca, que em 21 de julho de 1831, depois de jurar respeitar a Constituição, é coroado "Rei dos Belgas".

* * *

Entre novembro de 1830 e princípios de 1831, foi a vez da parte polonesa do Império Russo ser atingida pelos ventos da rebelião, movida por pretensões separatistas e de reconstituição do Reino da Polônia, que havia sido desmembrado em fins do século XVIII. Depois de declarar a separação polonesa do Império Russo e de promulgar uma Constituição, os rebeldes poloneses são derrotados pelas tropas do czar Nicolau I, em março.

* * *

Destino semelhante tiveram, na península itálica, as rebeliões que brotaram nos ducados de Módena e de Parma e no Estado papal, as quais combinaram um programa liberal e o projeto de construção de um Estado que unificasse províncias do norte e do centro da península e as tornasse autônomas em relação ao domínio dos Habsburgo na região. Nesses locais, os rebeldes chegaram a tomar o poder e instalar governos provisórios no mês de fevereiro, mas acabaram derrotados pela intervenção de tropas austríacas em março.

* * *

Nos Estados da Confederação Alemã, em especial em Aachen, Berlim, Munique e Braunschweig, a partir de agosto de 1830, combinam-se vigorosos protestos sociais de trabalhadores por melhoria de condições de vida e de trabalho com movimentos que reivindicavam o constitucionalismo e liberdades civis, um programa típico dos movimentos liberais de seu tempo. Contudo, todos esses levantes foram rapidamente controlados pelas monarquias locais.

* * *

Apesar da forte repressão, a manifestação mais significativa da onda revolucionária de 1830 aconteceu dois anos depois, no Festival de Hambach, quando ocorreu a maior demonstração de massas na Europa Central antes de 1848. Esse evento reuniu, em maio de 1832, liberais moderados, intelectuais radicais (defensores de um programa *democrático*) e trabalhadores que haviam participado dos protestos sociais nos anos anteriores. Reunidos no festival, muitos dos ativistas e intelectuais vindos de impérios multilinguísticos, como o Austríaco e o Russo, traziam uma nova demanda, a da *emancipação nacional*.

Reunindo em torno de 25 mil pessoas, o Festival de Hambach permitiu a combinação singular entre o programa liberal e as nascentes manifestações nacionalistas europeias, fundando certo "internacionalismo nacionalista": tipo de solidariedade para com as lutas de emancipação e de "liberdade dos povos" que, transpondo fronteiras, em nome de um mesmo programa político liberal, começava a ganhar corpo nessa época. Por outro lado, essa mesma ideia acabaria colocando em questão a própria natureza federativa da Confederação Alemã, em nome da *unidade dos alemães*.

O caráter e a grande repercussão do festival na imprensa ajudam a entender por que, em pequena escala, explodiram protestos no Hesse, na Baviera e no Principado de Lichtenberg, que, contudo, foram rapidamente reprimidos. Seguiu-se também uma onda de prisões de participantes do festival. A Confederação Alemã adotou ainda medidas que aboliram direitos civis, endureceram a censura e proibiram reuniões e manifestações públicas. O exílio em Paris foi o caminho de muitos dos perseguidos desse tempo. Com isso, na capital francesa será criado, ao longo dos anos 1830, um caldo de cultura importante que contribuirá para a radicalização e a mudança de feições dos movimentos políticos que contestavam a ordem europeia estabelecida em Viena.

Mesmo que não tenha terminado, como na França e na Bélgica, em regimes liberais, ou em reformas políticas e sociais, o Festival de Hambach mostra de forma exemplar que novos princípios de legitimidade política estavam ganhando terreno em relação àquele que sustentava o Antigo Regime.

Ao lado disso, também em escala continental, o espaço da política começava a ser ocupado por atores novos, que buscam ser reconhecidos como vozes ativas nas decisões sobre o governo e a coisa pública. As ideias do nascente campo do *republicanismo democrático* foram, então, tomadas como bandeira principalmente por operários, artesãos e pessoas que compunham os setores médio-urbanos. Com esses atores, o *espaço da política* se ampliava e novos problemas passavam a fazer parte do cenário político europeu, em especial a situação de miséria crescente dos trabalhadores, apontados e destacados tanto pelas primeiras organizações de trabalhadores quanto por defensores de reformas sociais mais radicais.

REFORMA SOCIAL E SOCIALISMO

Entre aqueles que pensavam na "questão social", que se agravava à medida que a sociedade se industrializava e que o capitalismo se expandia, ganham proeminência os que propunham que, ao contrário de uma percepção muito disseminada entre as elites europeias, a miséria e o pauperismo crescentes não eram derivados de problemas morais ou de falhas de caráter dos trabalhadores, mas da forma como as sociedades se ordenavam e como a riqueza socialmente produzida era distribuída, e em quem recaía o poder de decisão sobre os destinos da sociedade.

Na Inglaterra e na França, desde as primeiras décadas do século XIX, reformadores sociais e filantropos se ocupavam em buscar soluções para as condições dos trabalhadores. Prestigiosos foram os esforços de Henri de Saint-Simon, na França, e de Robert Owen, na Inglaterra, que pensavam, na tradição do iluminismo, que o esclarecimento dos industriais poderia levar à solução dos problemas sociais. Saint-Simon formulou um "catecismo dos industriais" (ideia elaborada em um texto de 1842) para convencê-los a melhorar a vida dos mais pobres, e Owen, podendo ir mais longe, criou um exemplo: transformou, a partir de 1799, sua fábrica de fiação em New Lanark, na Escócia, em um experimento de filantropia único até então. Alterando as condições e a jornada de trabalho, proibindo o emprego de crianças menores de 10 anos na produção e oferecendo moradia digna, educação e assistência social, o seu experimento se tornou um caso altamente bem-sucedido de melhoria da vida dos trabalhadores nos marcos da produção industrial capitalista.

O aumento da produtividade do trabalho, ao lado de novas técnicas de produção, deu fama à sua fábrica, que passou a ser visitada por políticos e príncipes ingleses e estrangeiros além de curiosos. Notícias sobre o seu "experimento" rodaram a Europa. Tendo feito conferências e publicado seus textos na Inglaterra e nos Estados Unidos, Owen ainda influenciou várias iniciativas cooperativistas oriundas do movimento de trabalhadores.

Mas tais iniciativas "de cima" foram insuficientes: os industriais não se permitiam "catequizar" tanto ou tão rápido quanto Owen ou Saint-Simon imaginavam, e as condições de vida e trabalho dos operários não se alteraram significativamente na Europa.

Observando isso, reformadores sociais contemporâneos optaram por outro caminho, já aberto no curso dos protestos e levantes de trabalhadores. Nesse ambiente, ao lado de exigências imediatas de melhores salários e condições de trabalho, se consolida a ideia de que a situação dos trabalhadores poderia ser alterada mudando as leis que regulavam as relações de trabalho e, para isso, os trabalhadores deveriam ter acesso ao Parlamento onde poderiam defender seus *interesses particulares*. Essa é a percepção que está por trás do movimento cartista, até então certamente a mais consistente e ampla iniciativa de organizar os trabalhadores para que, como grupo, pudessem ocupar o espaço público e entrar no cenário da política formal.

Esse é também o ambiente no qual se move o liberalismo radical com suas demandas democráticas. Originárias do amplo movimento contra a ordem social do Antigo Regime, as tendências mais radicais do liberalismo se distanciaram daquelas mais moderadas em função dos embates em torno da extensão dos "princípios de 1789", particularmente da *ideia de igualdade*.

Para os moderados, a noção se aplicava exclusivamente à dimensão civil da vida em sociedade. E, mesmo aí, a igualdade não deveria ser plena: se todos poderiam, como *cidadãos passivos*, gozar do "direito de proteção sobre sua propriedade e liberdade", como indicou Seyès, só os que demonstrassem ter propriedade e riqueza poderiam ser *cidadãos ativos*, e influenciar na vida política e "na formação dos poderes públicos". Consagrada pelas Constituições de 1791 e de 1795, essa tese se torna a base que sustenta os processos de implantação de sociedades liberais com base no voto censitário.

No outro polo, o liberalismo radical (na tradição do jacobinismo), a ideia de igualdade era uma derivação da noção de que, nascendo livres e iguais, os homens tornam-se desiguais ao longo da vida em sociedade. A igualdade seria então algo a ser restituído aos membros de uma sociedade na vida civil. Sendo tomada como um princípio universalmente válido, essa ideia se tornou um fundamento importante para as tendências democráticas que ganhavam cada vez mais terreno na primeira metade do século XIX.

Indo além, os mais radicais dentre os radicais, como os que reivindicavam a herança do *igualitarismo* de Babeuf e de Buonarroti na sua "Conspiração dos Iguais", propunham tomar a ideia consagrada no preâmbulo da Constituição jacobina de 1793 de fazer da *felicidade comum* o propósito da vida em sociedade. Com isso, caberia à sociedade, por meio de seus representantes, criar as condições para, racionalmente, destruir a *desigualdade artificial* e reinstituir a *igualdade natural* entre os homens.

A ideia de uma igualdade construída racionalmente se mostrou poderosa em um tempo em que o processo de industrialização trazia efeitos desastrosos para os trabalhadores. A partir das Revoluções de 1830 e cada vez com maior intensidade, aquilo que se chamava de "questão social" foi trazido para o universo da política, e a possibilidade de um novo ordenamento das sociedades tornou-se um tema central.

Nos anos que se seguiram às Revoluções de 1830, Paris, Londres e Bruxelas acolheram exilados de lugares diferentes da Europa, que continuaram a se movimentar para defender suas ideias. Esses foram anos de efervescência, quando diversas associações foram criadas e liberais, mais ou menos radicais, conviveram com nacionalistas de bandeiras distintas e com seguidores de reformadores sociais e socialistas dos mais diversos matizes. Pouquíssimos foram os grupos e as associações cuja influência política ultrapassou o seu localismo; dentre eles, a organização que em seu Segundo Congresso (1847) recebeu o nome de Liga dos Comunistas se tornou proeminente e da qual representantes de oito países estavam presentes. O exílio foi, em grande medida, responsável por essa internacionalização.

A origem da Liga dos Comunistas remonta a uma organização conspirativa formada em Paris em 1834 por refugiados das perseguições políticas na Confederação Alemã, a Liga dos Proscritos, que combinava aspirações nacionalistas, democráticas e revolucionárias. Porém, divisões internas levaram, dois anos depois, à constituição de um grupo chamado Liga dos Justos, que aprofundou o caráter revolucionário das formulações e se distanciou das aspirações nacionais e liberais. Seu líder e primeiro teórico era Wilhelm Weitling, que propunha a derrubada de uma ordem social injusta por meio da dissolução das relações de propriedade existentes. Após tomar parte, junto a alguns grupos parisienses, em uma tentativa malsucedida de sublevação contra o cada vez mais reacionário governo de Luís Felipe, ela se transferiu para Londres.

Foi em Londres que Karl Marx entrou em contato com o grupo. Publicista ativo e autor de escritos revolucionários, Marx havia buscado refúgio na Bélgica depois de sua expulsão de Paris. Ele ingressou finalmente na Liga dos Justos em 1846 em Bruxelas e, desde então, passaria a ter uma enorme importância para o emergente movimento socialista cujas bases são criadas nesse momento.

Tendo proposto uma compreensão da história e do lugar dos homens nela, Marx acabou por oferecer fundamentos para programas de ação que tinham o propósito de superar as desigualdades sociais e construir uma sociedade mais justa. Para ele, a ordem social injusta baseava-se na estrutura de propriedades: as terras, as minas e as fábricas, propriedades que produziam riquezas, eram privadas e, assim, as riquezas produzidas por todos os que trabalhavam em uma comunidade eram apropriadas privadamente pelos donos desses *meios de produção*.

Era essa estrutura de propriedades que estava na origem das diferenças sociais de uma sociedade de classes. Para Marx, alcançar um mundo mais justo e igualitário significava dissolver essa estrutura de propriedades, fazendo com que as riquezas produzidas por uma comunidade pudessem ser apropriadas por todos que faziam parte dela e não somente por alguns de seus membros. E isso só seria possível com a instauração da propriedade comum dos meios de produção e, assim, pôr fim aos próprios fundamentos da sociedade de classes.

Os protagonistas do processo de construção de uma ordem socio-econômica igualitária só poderiam ser os proletários, pois, entre todas as classes sociais, o proletariado era a única absolutamente despossuída e aquela para a qual se libertar da exploração significava fazer com que os meios de produção deixassem de ser propriedade privada de uns poucos e se tornassem propriedade comum, social. Retirando seus fundamentos, a sociedade de classes tenderia a desaparecer, resultando em um mundo mais igualitário e menos injusto.

Marx vinha já há tempos desenvolvendo junto a Friedrich Engels, amigo e colaborador, esses pontos de vistas em diversas publicações. No Segundo Congresso da Liga dos Justos, ambos foram incumbidos de redigir um manifesto-programa que se tornaria um dos documentos mais prestigiosos no mundo desde então e fonte de inspiração para o movimento socialista no século XIX: o *Manifesto comunista*, lançado em março de 1848, no momento mesmo em que a Europa ebulia em revoluções.

AS REVOLUÇÕES DE 1848

De fato, o ano de 1848 concentrou levantes populares e movimentos revolucionários em uma dimensão ainda não vista na Europa.

Tendo se iniciado no Reino das Duas Sicílias em janeiro, o clima de revolta chegou em fevereiro a Paris. Em março, com barricadas sendo erguidas em Berlim e em Viena, havia atingido o coração da Prússia e da Áustria, antes de se espalhar por toda a Confederação Alemã e pelo multinacional Império dos Habsburgo. Em meio a protestos e rebeliões, repúblicas foram proclamadas, Assembleias Nacionais foram convocadas para redigir Constituições e, a novidade dessa nova onda revolucionária, trabalhadores e socialistas se puseram a exigir que a revolução avançasse para além da garantia de liberdades civis, típicas de programas políticos liberais, e incorporasse também demandas de *igualdade social* e de *democracia.*

Os únicos locais que não foram atingidos pela onda de levantes foram o Império Russo, a Inglaterra, Portugal e Espanha. A extensão e a simultaneidade, absolutamente inéditas, e o grau de participação popular pegaram muitos de surpresa, espalhando o medo entre as elites proprietárias por toda a Europa.

Fora a Sicília, onde a revolta foi preparada para acontecer no dia do aniversário do rei, os levantes vieram de combinações mais ou menos espontâneas entre uma explosiva insatisfação popular e movimentos políticos liberais, nacionalistas e socialistas em uma conjuntura de crise.

O caso francês é exemplar. Em um contexto de recessão econômica e de más colheitas, revoltas populares sequenciais explodiram, e foram respondidas pelo governo com a proibição de todo o tipo de manifestações públicas. Isso levou a uma ampla manifestação no dia 22 de fevereiro que se transformou em motim depois que tiros foram disparados e 52 manifestantes mortos. Fogo e barricadas se espalharam pela cidade. A Guarda Nacional acabou aderindo aos revoltosos e, no dia 23, Luís Felipe, sem conseguir controlá-los, abdicou do trono e buscou refúgio em Londres. Nesse movimento, estavam presentes projetos políticos distintos. Ali se combinaram demandas liberais e republicanas, exigências por reformas sociais e aspirações revolucionárias e socialistas que serviram de combustível para a revolta contra um inimigo comum: o sistema monárquico reconstituído pelo Congresso de Viena em 1815.

Na península itálica, todos os levantes e rebeliões locais giraram em torno de um programa liberal e resultaram em monarquias constitucionais ou em repúblicas liberais. Mas, para além de um programa liberal, essas revoltas também trouxeram à tona a ideia de unir territórios. Para uns, tratava-se da reunião dos países da península em uma Confederação Italiana, a exemplo do que os alemães haviam feito com a Confederação Alemã. Para outros, tratava-se da construção de um único país, Itália, que, pela primeira vez, reunisse todos os países da península. A linguagem nacionalista tornou-se, então, um instrumento poderoso de mobilização contra o controle da dinastia dos Habsburgo (Áustria), nos países do norte da península, e o controle da dinastia dos Bourbon (França e Espanha) nas Sicílias, fazendo com que parte das revoltas liberais na península adquirisse o caráter vigoroso de um movimento nacional.

Na França, a revolução levou à proclamação da Segunda República e, considerando que o constitucionalismo liberal não era suficiente para a implantação de um projeto radical, o governo provisório instituiu o sufrágio universal masculino e editou diversas medidas de assistência aos mais pobres, como o auxílio a desempregados e, especialmente, as Oficinas Nacionais (*Ateliers Nationaux*) que prometiam garantir o "direito ao trabalho", ou seja, dar emprego a todos. Nas eleições de abril, entretanto, o peso das áreas rurais, marcadamente mais conservadoras que as urbanas, fez-se sentir de forma dramática. Por meio do sufrágio universal, a Assembleia passou a ser composta majoritariamente por conservadores e por liberais moderados, que se organizaram em um "Partido da Ordem", para quem o movimento revolucionário havia ido longe demais. A introdução de medidas democratizantes e de seguridade social não estava, definitivamente, na agenda de um liberalismo para o qual as mudanças deveriam ser muito mais limitadas: para ele, tratava-se de assegurar que o sistema político fosse fundado em uma Constituição, que as eleições fossem censitárias e que as liberdades civis fossem garantidas.

Para enfrentar o novo governo, liberal-conservador, os radicais tentaram dissolver a Assembleia. Em reação, o governo suspendeu as medidas assistenciais, em especial acabou com as Oficinas Nacionais. Com isso, provocou uma enorme revolta de trabalhadores e de grupos socialistas e radicais entre os dias 23 e 26 de junho. O chamado "Levante de Junho" foi duramente reprimido pelo governo, pondo fim ao ímpeto revolucionário iniciado em fevereiro e pavimentando o caminho para que conservadores e moderados moldassem a Segunda República de acordo com os seus interesses.

Na Confederação Alemã, a tônica foi dada pela combinação de elementos nacionalistas e liberais radicais. O chamado "Movimento de Março" (*Märzbewegung*) foi o maior e mais importante movimento de massas nos territórios da Confederação Alemã e, talvez, de todo o século XIX europeu. As notícias da Revolução de Fevereiro de Paris incendiaram o ambiente político, fazendo com que as anteriores aspirações liberais fossem ultrapassadas pela hegemonia dos radicais e socialistas em algumas partes da Confederação. Movimentos radicais, que apostavam na construção de uma ordem politicamente igualitária, e socialistas, que buscavam construir um mundo socialmente igualitário, ocuparam Berlim e Viena e diversas outras capitais dos Estados confederados, obrigando nobres a deixar as cidades e os governos. Nesse clima de radicalização, a Assembleia Federal (composta por representantes dos quase 40 Estados-membros) foi desconstituída e substituída por uma Assembleia *Nacional*. Reuniram-se em Frankfurt 809 representantes eleitos em cada um dos Estados da Confederação Alemã entre maio de 1848 e maio de 1849. A Constituição aprovada por essa Assembleia instituiu uma monarquia parlamentar unitária para os países da Confederação; a coroa seria entregue a Frederico Guilherme IV, rei da Prússia, um monarca conservador e antiliberal, que não só a recusou como enviou tropas para dissolver o movimento de criação de um novo país e reconstituir a antiga Confederação. Após a derrota do movimento, o conservadorismo se firmou entre as monarquias da Confederação Alemã e os liberais foram duramente reprimidos.

No Império Habsburgo, as revoltas liberais se conectavam ora com o separatismo, como era o caso de cidades e territórios italianos, ora com pretensões de maior autonomia, como no caso do Reino da Hungria. Paralelamente, revoltas sociais conduzidas por trabalhadores e estudantes defendiam a bandeira da revolução social em diversos pontos do Império, com destaque para os movimentos que aconteceram em Viena e em Praga, assustando igualmente aristocratas e liberais moderados. De fato, como na França, no Império Austríaco, o fantasma da revolução social abraçada pelos radicais fez com que os liberais moderados, com medo de perder seus privilégios e propriedades, se aproximassem cada vez mais dos conservadores. Assim, a partir de determinado momento, os movimentos liberais, que haviam sido motores importantes de transformação das sociedades, se tornaram progressivamente agentes da ordem estabelecida, contra o ímpeto dos movimentos que exigiam democracia e reformas sociais significativas.

A revolução foi derrotada em todos os lugares; quase nada sobreviveu ao braço forte da restauração que se seguiu. A França foi um caso excepcional: lá o regime republicano, o sufrágio universal e as liberdades civis foram mantidos, mas todas as iniciativas de reforma social foram recusadas. Nos outros países, as instituições meramente liberais foram desfeitas e as pretensões nacionalistas foram rechaçadas.

A reação também buscou varrer do mapa o espectro da revolução social, a começar pelas pretensões democráticas dos radicais.

Mas ainda assim, as Revoluções de 1848 seriam vistas, a partir de então, como um marco na história europeia em razão de seu caráter, da dimensão e da simultaneidade dos levantes, além do peso das aspirações nacionais, da ampliação da adesão das pessoas às demandas democráticas e de reforma social e da emergência de movimentos organizados de trabalhadores.

De fato, o ano de 1848 aguçou a percepção de que o constitucionalismo, as liberdades civis, a ideia de que o governo deriva do consentimento do povo (*soberania popular*) e outros componentes do programa liberal estavam cada vez mais firmemente estabelecidos publicamente na Europa. A ordem política e social reinstituída e garantida pelo Congresso de Viena, ainda que vitoriosa e com aparência de solidez, só se sustentaria, a partir de então, pela força das armas.

Na mesma medida, o crescimento de demandas democráticas e por reforma social (e cada vez mais, por *revolução social*) fez com que o campo do liberalismo, que havia sido um motor importante para protestos políticos e sociais até 1848, fosse progressivamente mudando de cores. Esse é um tempo em que a burguesia liberal se distancia dos movimentos radicais. É também nessa época que os radicais, especialmente os socialistas, chegam à conclusão de que seus interesses deveriam ser perseguidos por meio de organizações e de programas próprios.

Com isso, o combate específico ao socialismo entrou na agenda política dos monarcas europeus. 1848 trouxe a certeza de que uma revolução social era uma possibilidade e que poderia acontecer em qualquer lugar, passando a ser, na feliz imagem do *Manifesto comunista*, um "espectro" a rondar a Europa.

Apesar da repressão, passado o impacto da derrota das Revoluções de 1848, esse "fantasma" começou ganhar força no mundo europeu. Em 1864, na Londres que acolheu muitos dos refugiados das ondas de repressão que se seguiram aos movimentos de 1848, foi fundada a Associação Internacional dos Trabalhadores (AIT). A AIT, posteriormente chamada de Primeira Internacional, tomou para si a tarefa de estimular a criação de estruturas de organização de trabalhadores. Congregando tendências políticas diversas, que iam desde os que apostavam quase exclusivamente na luta parlamentar até os que recusavam qualquer tipo de vinculação entre o movimento dos trabalhadores e a atuação no Parlamento, teve um papel decisivo em criar associações de trabalhadores em vários países da Europa, algumas das quais se desenvolveram em partidos políticos operários.

Contudo, atravessada por diversas disputas internas e enfrentando as ondas de repressão que se seguiram à derrota da Comuna de Paris (1871), a AIT se dissolveu em 1872.

Em 1889, no ano do Centenário da Revolução Francesa, o "espectro" ressurge com novo fôlego: uma Segunda Internacional, dessa vez com caráter explicitamente socialista e orientada pelas ideias de Karl Marx, se constitui e se torna uma central ao mesmo tempo organizativa e política para o movimento operário europeu. A partir de então, combinando luta parlamentar e luta sindical, os socialistas crescem e se afirmam no espaço público de quase todos os países, com destaque para o Partido Social-Democrata Alemão, que, no final do século, se tornaria o maior partido na

Alemanha, com a maior bancada no Parlamento e com uma impressionante rede de sindicatos, associações e jornais.

Isso mostra que o espaço político ocupado pelo movimento operário nos países que se industrializam passava a ser cada vez maior, lembrando à sociedade que, por detrás da industrialização arrebatadora e bem-sucedida, e da ampliação das liberdades civis, ainda havia um mundo do trabalho no qual a miséria e a superexploração eram uma constante.

Na segunda metade do século XIX, já estava claro para o movimento operário que existiam limites políticos e de reforma social que a burguesia liberal não estava disposta a ultrapassar. A partir de então, ela se tornava firme adversária das pretensões democráticas. O período que começara com as ideias de liberdade assombrando os conservadores se encerrava com a passagem progressiva dos liberais, assombrados pelas ideias da democracia e do socialismo, para o *campo da ordem*.

Consolidou-se, então – outra herança de 1848 –, a percepção, cada vez mais compartilhada pelos conservadores, de que o programa liberal moderado, se bem controlado, poderia ser menos corrosivo para a ordem social estabelecida do que os programas democrático ou socialista. Com isso, o liberalismo se tornava cada vez mais palatável para as velhas elites políticas europeias.

Mas, dentre as novidades que emergiram nessa conjuntura, as pretensões nacionalistas foram, sem dúvida, as que mais imediatamente produziram impacto. A Europa que saiu da onda revolucionária era mais nacional do que jamais fora e, até o final do século, o *nacionalismo* se tornou uma ferramenta eficaz, tanto interna quanto externamente, para justificar as opções políticas dos governos europeus.

Ideias de um mundo novo: o racionalismo e a desrazão

As revoluções e as mudanças nas feições do mundo europeu das primeiras décadas do século se deram em uma velocidade para a qual os espíritos do seu tempo não haviam sido preparados. Nesse ambiente, as respostas herdadas e até então válidas para resolver problemas do mundo passaram a ser consideradas inúteis, porque as perguntas eram, simplesmente, outras. E com isso, o peso do *novo* se fez sentir.

Cada vez mais se acreditava que a vida social, seus fundamentos e suas mazelas eram criação humana e, como tal, passíveis de serem mudados. Crenças e hierarquias sociais firmemente enraizadas começaram a deixar de ser tomadas como algo "natural".

Tanto entre os indivíduos que recusavam tais crenças e hierarquias quanto entre os que as abraçavam, não havia muita dúvida de que o momento em que viviam era um tempo de novidades. Intelectuais com formas tão distintas de encarar o mundo como Karl Marx e Thomas Carlyle não deixavam dúvidas de que essa constatação atravessava fronteiras políticas.

Marx, junto a Engels, descreve, no *Manifesto Comunista* (1848), sua época como um tempo marcado pelo "ininterrupto abalo de todas as condições sociais" e pela incerteza; "todas as relações, presas pela ferrugem, associadas a opiniões e representações antigas e estimadas, são dissolvidas; todas as que são recém-formadas envelhecem antes de poder consolidar-se. Tudo o que é sólido se desmancha no ar, tudo o que é sagrado se dessacraliza".

Na mesma direção, ainda que em sentido contrário, Carlyle, em seu *Passado e presente* (1843), reage contra o que chama de "a praga" de seu tempo que, como uma verdadeira "gangrena social universal", ameaça "todas as coisas modernas com uma morte assustadora". E completa: "não há religião; Deus não existe; o homem perdeu a sua alma, e busca em vão pelo sal antisséptico. Em vão: na morte de reis, na aprovação de projetos de reforma, em revoluções francesas, em insurreições em Manchester, e não é encontrado nenhum remédio".

Não é casual que, no momento em que a política e os pilares das sociedades europeias parecem se diluir no incerto, sejam construídos novos fundamentos para pensar e para agir no mundo, dois dos quais associados a transformações mais profundas e lentas do *espírito*, relativas a formas de pensar, de sentir e de experimentar, de observar e de classificar o mundo e de projetar o futuro. Por um lado, esse é o tempo em que, na tradição aberta pela Revolução Francesa, ganha proeminência a figura do *povo*, considerado por um número cada vez maior de pessoas como portador dos destinos de uma sociedade. Por outro, esse é também o tempo no qual as formas de compreender o mundo natural, de desvendar os seus segredos, dão os últimos passos para se libertar dos limites impostos pela religião. Esse momento vê a *ciência*, a sua linguagem e suas certezas emergirem como o modo legítimo de pensar sobre as coisas, de formular perguntas e de dar respostas a elas.

Esses são dois processos que, mesmo lentamente, provocam abalos na arquitetura das sociedades e das ideias que circulavam na Europa e de onde derivam dois *sistemas de pensamento* originais e decisivos para a forma como as sociedades europeias se compreendem e, a partir dessa compreensão, agem no mundo: trata-se (1) daquele que passa a afirmar que cada *povo* tem o direito a um Estado que seja autônomo e exclusivo; e (2) daquele que diz que os grupos humanos são *naturalmente* diferentes e é essa *diferença natural*, traduzida nas distintas "raças", que permite compreender as *diferenças sociais e culturais* existentes entre eles.

Esses dois *sistemas de pensamento* – o nacionalismo (1) e o racismo (2) – representam modos de reconstruir os alicerces das formas de conceber o mundo que emergem em um momento em que eles foram abalados de maneira profunda. E eles foram bem-sucedidos exatamente porque não ficaram limitados aos salões e às academias, mas se popularizaram e passaram a circular com desenvoltura pelas ruas.

O nacionalismo é um fenômeno ligado ao processo ao mesmo tempo intelectual e político de reconstrução das formas de legitimidade política, que é paralelo à erosão do princípio dinástico. Já o racismo é inseparável de um movimento mais geral das sociedades europeias de secularização do pensamento e de afirmação da ciência como forma de entender o mundo e de falar sobre ele, substituindo os já desprestigiados referenciais religiosos para a compreensão da natureza e da vida humana. Em comum: o distanciamento do universal e a ênfase no particular e no exclusivo, o "povo" e a "raça".

Esses *sistemas de pensamento* partilham de um conjunto grande de referências intelectuais que circulam nesse ambiente e aparecem em terrenos às vezes muito distintos e se expressam, no início do século, com rara clareza no campo da literatura e das artes.

ENTRE A RAZÃO E O SENTIMENTO

No século XVIII, o movimento chamado de "neoclassicismo" traduziu em aspirações artísticas as formas de encarar o mundo que os filósofos do movimento ilustrado tinham trazido à tona. O nome neoclassicismo deriva da expectativa de fazer ressurgir os padrões e as normas norteadoras da produção artística (da literatura à pintura, da escultura à arquitetura) da Antiguidade Clássica nos tempos em que a *razão*, superando as desventuras da irracionalidade e do misticismo, deveria ser o guia para a vida.

Assim, o neoclassicismo, tomando a Grécia como uma referência especial, elegeu a ordem, a clareza e a harmonia como valores orientadores da produção artística. As obras neoclássicas, retratando figuras bem delineadas e iluminadas, deveriam representar o mundo de forma objetiva, equilibrada, sóbria e de maneira racional.

Foi contra o pano de fundo do ambiente intelectual europeu representado pelo pensamento e pelos valores do iluminismo e do neoclassicismo que se ergueram as aspirações românticas. O romantismo propunha romper limites e enquadramentos, liberando a fantasia criativa para superar a separação entre sonho e realidade. Os românticos valorizavam a absoluta subjetividade e o individualismo, a liberdade e a independência do artista no processo de criação em que o peso era dado ao *sensível* e não ao inteligível, à *intuição* e não mais à razão. Assim, a natureza, que para os românticos nunca é plenamente compreensível e é confrontada pelo indivíduo e por suas sensações, passou a ser um tema recorrente no trabalho de diversos artistas da primeira metade do século. Para os românticos, a totalidade do mundo (seja o homem ou a natureza) é mais do que suas partes visíveis e apreensíveis racionalmente, porque ela é preenchida pelo *espírito*, algo que não é material ou visível e que não pode ser explicado pela razão, mas apreendido pelo sentimento intuitivo.

NEOCLASSICISMO E ROMANTISMO – PINTURA

O equilíbrio, a ordem e a leveza de uma composição geometricamente estruturada fizeram do quadro *O juramento dos Horácios* (1784), com um tema extraído da Antiguidade, de Jacques-Louis David, uma referência para a pintura neoclássica. Contrastando com ele, em *Caminhante sobre o mar de névoa* (1818), Caspar David Friedrich aposta no contraste entre o primeiro plano, com um indivíduo solitário observando, no segundo plano, a vastidão do mundo natural, encoberto e não imediatamente visível e apreensível, retratado por meio da complexidade de uma composição que nos leva até o infinito.

O juramento dos Horácios (à esquerda)
e *O caminhante sobre o mar de névoa*
exemplificam e materializam
a contraposição entre conceitos
do neoclassicismo e do romantismo.

Tendo se irradiado principalmente a partir da divulgação dos trabalhos de poetas e escritores de língua alemã, as preocupações que acompanharam o romantismo deixaram sua digital em diversas tendências do pensamento europeu no século. Do pensamento romântico extraiu-se uma filosofia social de longo alcance, que cruzou fronteiras entre grupos políticos e áreas de conhecimento.

Reagindo vigorosamente ao anticlericalismo de parte da tradição ilustrada, o ambiente intelectual romântico impulsionou um reavivamento do interesse nos assuntos da religião e o surgimento de movimentos de renovação, tanto no protestantismo quanto no catolicismo.

No terreno do pensamento sistemático, a influência de ideias e motivos típicos do romantismo foi grande. Nas ciências naturais, foram reforçadas as já antigas teorias do vitalismo, que sustentavam que os seres vivos são constituídos por uma *força vital* ou uma *energia* ou mesmo uma *alma*, elementos não físicos ou não materiais. Nas Ciências Humanas, a influência romântica provocou a renovação do interesse no passado, em particular o medieval. Enquanto o pensamento ilustrado tendeu a desvalorizar a Idade Média como um "tempo de trevas", de escuridão e de misticismo, do qual a humanidade se libertava progressivamente pela *luz* trazida pela razão, o romantismo revalorizou exatamente o Medievo como momento em que o pensamento não teria se deixado iludir pelas respostas fáceis baseadas no mundo material. A verdade se encontraria, diziam os românticos, a meio caminho entre a ilusão de um racionalismo materialista e aquilo que não é classificável, não é apreensível pelos sentidos nem se deixa enquadrar em modelos explicativos simples.

Esse elogio do passado medieval se expressou também na arquitetura. Na primeira metade do século, inúmeros projetos arquitetônicos distanciavam-se da simetria estrita e do apreço pelos ângulos e pelo retilíneo da arquitetura neoclássica, e recuperam formas do gótico medieval.

NEOCLASSICISMO E ROMANTISMO – ARQUITETURA

A volta dos motivos clássicos, como o gosto pela simetria e por planos, ângulos e relevos, que se observa na arquitetura neoclássica da Catedral de Vilna (Lituânia), finalizada em 1783, contrasta com a retomada dos motivos góticos, que privilegiam estruturas altas e pontiagudas de torres e arcos e o gosto pelos vitrais, que se vê na Catedral de Sainte-Clotilde (Paris), construída em 1857.

O elogio ao passado se expressou
na arquitetura europeia tanto pelo movimento neoclássico
como pelo romantismo. À esquerda, Catedral de Vilna,
na Lituânia – representante do primeiro movimento;
e, à direita, Catedral de Sainte-Clotilde, em Paris:
exemplo de construção romântica.

Mas, apesar de sua grande aceitação, o romantismo, como movimento artístico, malogrou se considerarmos o século como um todo, pois, já em meados do século, os valores românticos foram colocados em questão pelo realismo, um movimento artístico que recusava tanto o *implausível* quanto o *sobrenatural*, apostando na apreensão do cotidiano da forma como ele imediatamente se apresentava, em toda sua crueza.

ROMANTISMO E REALISMO

O idílio imaginado romanticamente por Jakob Becker, com trabalhadores rurais felizes, saudáveis e descansados depois de um dia de trabalho, se contrasta com a expectativa de Jean-François Millet e Adolph Menzel de retratar de forma realista a dureza do mundo do trabalho em seu tempo.

Os quadros ilustram as diferenças
entre o romantismo e o realismo.
Em sentido horário, obras de Jakob Becker,
Jean-François Millet e Adolph Menzel.

Com o passar do tempo, no final do século, a ambição romântica de dar ênfase ao sentimento, à intuição e à subjetividade foi deixada de lado frente à ideia, mais bem aceita, de que a civilização europeia ocidental devia parte decisiva de seu sucesso à racionalidade, à ciência e à técnica. O movimento geral que podemos observar no longo prazo é o da aceleração no processo, já há muito em curso, de secularização do pensamento e dos referenciais orientadores da vida, sempre acompanhados pelo distanciamento cada vez maior da religião e das instituições religiosas no espaço público.

Contudo, se um olhar distanciado não nos pode deixar outra impressão, uma observação mais próxima, buscando o detalhe, nos mostra que as bases firmadas pelo romantismo não se desfizeram com tanta facilidade e à sua perda de prestígio como movimento artístico não correspondeu, de forma imediata, o abandono das suas referências, que se mostraram duráveis – apreciadas por muitos e por muito tempo.

A atenção dedicada ao passado, por exemplo, encontrou terreno fértil em uma nova moda intelectual: a investigação sobre "os povos" e suas línguas que, não casualmente, acabou tendo um impacto político profundo em um mundo cada vez mais marcado por uma forma *nacional* de pensar a si próprio.

Para Johann Gottlieb Fichte, filósofo que escreveu *Discursos à nação alemã* durante o período da invasão napoleônica, é a "língua natural e viva", falada desde as origens, que faz dos alemães um povo especial, diferente dos franceses, que falam uma língua "morta porque, em suas misturas, perdeu sua potência natural".

A recuperação da produção literária da "Antiguidade Alemã" e os trabalhos de Jacob Grimm, dentre os quais a *Gramática alemã* e a *Mitologia alemã* (1819 e 1835), mostram a expectativa de vários intelectuais de, "mergulhando no passado", encontrar a essência daquilo que era o presente, definindo o que significava ser alemão.

A tendência a valorizar o passado abriu, além desses, vários novos territórios à curiosidade e ao conhecimento sistemático. Por exemplo, as investigações sobre a história do Direito feitas por Friedrich Karl von Savigny e por Karl Friedrich Eichhorn nos anos 1840 e a criação da *Revista para a Ciência Histórica do Direito* (1815) fundaram áreas de pesquisa antes inexistentes, tendo como expectativa identificar "as forças silenciosas" que fazem com que o Direito seja resultado não da arbitrariedade do legislador, mas "da alma de um povo".

Em um mundo cada vez mais atravessado pelo nacionalismo, identificar por meio da língua, da literatura, do Direito ou de qualquer outra coisa aquilo que era *essencial* a um "povo" (que fosse imutável e, portanto, a-histórico) teve uma importância decisiva. Isso permitiu considerar um "povo" como uma entidade distinta de outros "povos" e, portanto, oferecia um ótimo argumento que justificasse que, por suas particularidades, o "povo" é que deveria gerir seu próprio destino, se autodeterminar.

NACIONALISMO:
UM NOVO MODO DE PENSAR E DE VER O MUNDO

A ideia de que uma unidade política deveria ser correspondente a um só povo, que se reconhecia como único e diferente dos outros que o cercavam, é uma das construções ideológicas mais bem-sucedidas do século. Essa ideia absolutamente estranha ao mundo anterior à chamada "Era das Revoluções" se tornou uma das referências mais importantes para a configuração política do mundo a partir de então.

Não que as diferenças de língua, de práticas culturais, de religião, de aparência física não tivessem tido lugar na história europeia até esse período. Contudo, os laços de solidariedade e de lealdade que uniam grupos humanos até então se baseavam, principalmente, em vínculos familiares, de suserania ou dinásticos e mesmo religiosos. Esses tipos de vínculo, não raro, faziam com que pessoas que falassem a mesma língua ou partilhassem das mesmas práticas culturais (ou tivessem uma história comum), referenciais que se tornariam importantes na época dos *nacionalismos*, não necessariamente se reconhecessem como parte de uma mesma coletividade. Da mesma forma, até então, esses referenciais nunca tiveram um papel na definição da organização política da Europa. O fundamento que dava os parâmetros para o desenho das fronteiras políticas e para a definição dos chefes dos Estados monárquicos, desde os ducados e principados até os impérios, era sempre o princípio dinástico, ou seja, o que dava legitimidade a um governante de um Estado era o fato de ele estar na linha de sucessão familiar previamente estabelecida para um título de rei, príncipe, conde ou qualquer outro. Certamente, injunções políticas ocupavam um lugar central nas sucessões monárquicas (ainda mais quando não havia herdeiros diretos e sobravam herdeiros indiretos ou colaterais, todos, ou muitos deles, reivindicando o "direito" de ser o sucessor do *rei-morto*), mas o que definia o direito de alguém a um trono ou a um título nunca era o local de nascimento, a língua ou a cultura do pretendente. Ter nascido em "terras estrangeiras", não falar a língua de seus súditos ou não partilhar com eles uma história comum ou práticas culturais comuns não tinha qualquer relevância quando se considerava direito de alguém pleitear ou de ser escolhido para a sucessão a um trono.

Com o princípio nacional, vieram à tona ideias inovadoras e, ao mesmo tempo, corrosivas para toda a tradição dinástica anterior: (1) a nação existe objetivamente como uma coletividade humana que possui atributos e características que lhe são próprios ou exclusivos e que a diferenciam das demais coletividades; (2) o grupo nacional é uma entidade estável ao longo da história, invulnerável às ações do tempo; (3) a forma de garantir que a nação possa existir e desenvolver plenamente aquilo que lhe é peculiar exige algum modo de organização política própria, pressupondo algum nível de exercício de soberania e, portanto, de autonomia; (4) o detentor da soberania política é o grupo nacional, e só alguém que faça parte desse grupo pode exercê-la em seu nome.

A ordem social do Antigo Regime também foi colocada em xeque pelo nacionalismo que substituiu a estrutura tradicional da sociedade, cortada por uma fronteira hierárquica interna que separava nobres de plebeus (que, por exemplo, aproximava e identificava nobres de línguas distintas e separava nobres e não nobres que falavam a mesma língua), por outra na qual o que importavam eram as fronteiras que separam todos os que fazem parte do grupo nacional de todos aqueles que não fazem parte dele. Essa fronteira entre os "de dentro" e os "de fora" se funda na ideia de que só os iguais podem ser solidários entre si a ponto de superar outros vínculos, sejam eles religiosos ou de colorações políticas, para servir aos "interesses nacionais".

Na realidade, a *solidariedade nacional* é, para o pensamento nacionalista, uma obrigação derivada do pertencimento à "nação", independentemente da vontade e das escolhas de cada um de seus membros. Não ser "solidário" com outros membros de "sua" comunidade nacional quando interesses supostamente "nacionais" estavam em jogo tornou-se falta das mais graves em um *mundo de nações*.

Inspirado por essas ideias verdadeiramente novas, emergiu um programa político que enxergava o Estado como expressão e materialização das características de um "povo". Adam Heinrich Müller (1779-1829), filósofo e diplomata membro do Círculo Romântico de Viena, concluiu que o Estado é a expressão "de toda riqueza física e espiritual, de toda vida interior e exterior de uma grande nação"; é o Estado que, funcionando como um mediador de uma nação em sua relação com todas as outras, ligaria essa nação ao "*todo vivo*, grande, enérgico e em permanente movimento".

Essa forma de expressão política se tornou classicamente materializada na ideia do *Estado-nação*. E o seu sucesso político foi, no século, inegável. Esse princípio transformou Estados, velhos ou novos, em *Estados-de-novo-tipo* e acabou por produzir um novo desenho político para o mundo europeu.

A transformação seguiu um roteiro comum: as considerações políticas que resultaram em Estados novos passaram a ser justificadas e ficar para a História como obra de um "espírito nacional" que *re*ssurgiu. Os casos da construção dos Estados grego, italiano e alemão – criações originais em relação a todas as fronteiras históricas anteriores, quando as aspirações e propósitos nacionalistas ou não existiam ou não haviam sido os guias decisivos para os centros de decisão política – passaram a ser considerados exemplos, para os homens do seu tempo, de que "as nações podiam despertar de sua sonolência" e, com isso, ser capazes de forjar um Estado nacional.

Mesmo que a agitação nacionalista não tivesse sido desprezível, em especial nos Estados da Confederação Alemã, e largamente enraizada em círculos intelectualizados, o que transformou até mesmo as considerações estritamente políticas de um Bismarck e de um conde de Cavour em considerações *nacionais* foi certo "olhar nacional" para o mundo: a ideia de nação se tornou, nessa época, uma ótima ferramenta para justificar opções políticas para um público cada vez mais permeável a ela. Fundando um novo tipo de lealdade política e impregnando a forma de observar o mundo a partir de então, o nacionalismo passou a funcionar como uma gramática que organizava e dava sentido aos elementos da realidade observada do presente e da leitura do passado.

Fundamento para isso ofereciam, ao lado da própria agitação nacionalista, as *Histórias Nacionais* – um estilo de escrita histórica que se tornou, nessa época, uma potente ferramenta para justificar que as "nações" deveriam se constituir em Estados exclusivos. Nessas narrativas históricas, as nações não raro eram retratadas como "indivíduos coletivos" que serpentearam através dos tempos na inconsciência daquilo que eram até que, finalmente, acordavam "de seu sono político". Não é por acaso que tenha se estabelecido a expressão "despertar nacional" para muitos dos movimentos nacionalistas com pretensões à autonomia política, paradigmaticamente o *risorgimento* italiano, mas também a *renaixença* catalã, em que o "*ri*" ou o "*re*" não eram nada arbitrários.

Se o nacionalismo servia de instrumento para construir a unidade a partir do diverso, sua eficácia política fez dele um produto valorizado nas mãos de grupos subalternos que viviam em Estados multinacionais. Ele forneceu instrumentos intelectuais e argumentos políticos para movimentos separatistas que, a partir de então, passaram a reivindicar o *princípio nacional* como forma de obter autonomia e soberania política. Isso foi particularmente corrosivo para os grandes Impérios Otomano e Áustro-Húngaro, que chegaram ao final do século ou desconstituídos, como foi o caso do primeiro, ou enfrentando lutas internas de difícil contenção, como foi o caso das lutas nacionalistas iniciadas pelos magiares, croatas e sérvios no último. Mas o mesmo fenômeno também se observava onde quer que grupos se percebessem como diferentes e demandassem autonomia, como o fizeram os nacionalistas irlandeses (e com menor impacto também os galeses e escoceses), no Império Britânico, ou os grupos separatistas basco e catalão, na Espanha.

Por outro lado, o mesmo programa nacionalista foi evocado para "corrigir" o que se dizia ter sido um "erro da história": onde as unidades políticas não comportavam povos homogêneos, o nacionalismo se pôs, artificialmente, a criá-los. O caso italiano é, nesse sentido, exemplar. Massimo D'Azeglio, um primeiro-ministro conservador do Reino da Sardenha, escreveu na introdução de suas memórias (1868) que os maiores inimigos da Itália não eram os austríacos, mas os próprios italianos, porque "quiseram criar uma nova Itália enquanto, eles mesmos, ficaram do jeito que sempre foram". E completa: "A Itália está feita, mas não os italianos". Se a luta contra os Habsburgo e os Bourbon havia sido suficiente para impulsionar a reunião de diversos países em um único *Estado Italiano*, isso, contudo, não era suficiente para produzir "um povo" para esse Estado. De fato, os atos de rebeldia no sul da Itália contra as tropas e os funcionários do novo Estado assinalam os efeitos da falta de unidade interna. D'Azeglio expressou sua preocupação com o fato de que as coisas que eram normalmente usadas, em um mundo nacionalizado, como marcadores de nacionalidade (língua, uma história comum, uma identidade comum), faltavam largamente aos "italianos": só em torno de 2,5% da população falava o italiano; não havia uma história e identidade únicas forjadas em um território em que a ausência de unidade política e o peso do localismo ainda davam o tom. Diante disso, D'Azeglio propôs um programa que seria incorporado por todos os movimentos nacionalistas a partir de então: a produção de um povo mais ou menos uniforme pela constituição de referenciais de identidade (como língua e história comuns) onde antes eles não existiam. Para viabilizá-la seriam decisivas as instituições de Estado, como o exército e a escola.

Observando o caso da França, em que a língua do Estado era falada por um número muito maior de pessoas do que na Itália, o historiador Eugen Weber concluiu que a situação não era muito distinta. A realidade da França no século era bem diferente daquela comumente apresentada: no campo "muitos não falavam francês ou conheciam o sistema métrico, as *pistoles* [nome de uma moeda de ouro espanhola] e os *écus* [coroa, moeda francesa medieval] eram mais conhecidos do que os *francos*". A partir de seus estudos, ele viu uma França onde ainda na década de 1870 (!) a maioria dos camponeses (metade da população) não se considerava parte da *nação francesa*. Isso o fez concluir que a ideia de uma "nação" como um "corpo de pessoas unidas por vontade própria e partilhando certos atributos em comum (em especial a história)" não podia ser plenamente aplicada à França dos anos de 1870.

A situação francesa levou ainda um bom tempo para ser mudada e exigiu que o Estado se mobilizasse por meio de suas instituições para fazer a transformação, ou seja, transformar parte significativa de sua população em *franceses*. Entre essas instituições, a escola foi a mais destacada, porque passou a ensinar (e a convencer!) pessoas que não se conheciam (e provavelmente nunca se conheceriam) e que não se consideravam parte de uma mesma comunidade que elas tinham uma "história comum". Além disso, a escola os ensinou a falar uma língua e a reconhecer símbolos comuns, a se sentirem como que conectados, produzindo uma identidade nacional onde antes ela não existia.

Em alguns casos, a eficácia da intervenção estatal no sentido de criar algum tipo de unidade nacional foi muito reduzida. Na Espanha, por exemplo, os bascos (cujo território ocupa uma região que vai do sudoeste da França ao nordeste da Espanha), os galegos (do noroeste) e os catalães (do nordeste), como grupos nacionais maiores, nunca foram submetidos à língua de Castela, como queriam os nacionalistas castelhanos.

Além desses, os projetos nacionalistas se defrontaram com outros problemas. No caso dos chamados "nacionalismos orgânicos", que pensavam seus "povos" como *entidades orgânicas*, que deveriam ser homogêneas não só em termos linguísticos, mas também raciais ou religiosos ou os dois, o problema era que, muitas vezes, a história era uma adversária incômoda, pois insistia em não corresponder a suas ideias: ou seus Estados eram grandes demais (reunindo gente diferente onde se esperaria o igual) ou eram pequenos demais (não reunindo todos os que eram "da mesma família"). Essa falta de correspondência entre o povo desejado e o Estado real, a regra em um mundo de nacionalismos, foi de solução mais difícil e delicada do que simplesmente tentar ensinar as pessoas a falar a língua escolhida para representar a nação. Nesses casos, houve tanto a iniciativa de governantes e políticos de pleitear que as *regiões nacionais* fora do Estado fossem anexadas e incorporadas ao Estado-nação, quanto episódios em que os "filhos desgarrados" pediram para ser "reunidos à Pátria-mãe", em um movimento que ficou conhecido por "irredentismo".

Contudo, a dificuldade de convencer ou forçar qualquer Estado a ceder "terras e homens" fez desse um problema, por muito tempo, sem solução, como no caso dos quase 40% de habitantes da Ístria na região balcânica, que falavam a mesma língua e partilhavam de traços culturais e históricos com sua vizinha Veneza, mas que, em 1866, ficaram fora dos territórios cedidos pela Áustria ao Reino da Itália. Para o nacionalismo irredentista dos *italianos* da Ístria, nunca foi muito simples explicar como a Pátria-mãe havia incorporado os sicilianos, tão diferentes linguística e historicamente, e não havia insistido em mantê-los...

Ao lado disso, nacionalismos orgânicos que foram bem-sucedidos em formar Estados-que-se-pretendiam-nacionais sentiam um mal-estar agudo pela falta de correspondência entre o Estado formado e o seu "povo": um verdadeiro empecilho para a ideia de uma "nação homogênea". Tentar construir a unidade onde antes ela não existia levou à pressão para a assimilação forçada e a soluções mais drásticas, como a expulsão de populações consideradas "estranhas" e mesmo o seu assassinato (ações de Estado que foram chamadas de "políticas de limpeza étnica").

Isso impulsionou movimentos de emigração em massa daqueles que se recusavam a deixar de lado certos traços culturais, comportando algo em torno de 5 milhões de pessoas cruzando as fronteiras entre Estados nacionais nos últimos 40 anos do século.

Nos casos em que a diferença era vista como irremediável ou quando o cálculo político não encontrava um argumento melhor, a expulsão foi a "solução". Os decretos de 1886 e de 1908 de expulsão dos poloneses católicos da região de Posen, no Império Alemão, foram um dos raros casos ocorridos na Europa Centro-Ocidental. Na Europa Oriental, contudo, políticas de expulsão foram frequentes e mais violentas, como as que atingiram os judeus, grupo cuja identidade cruzava linhas culturais e religiosas, fazendo com que os nacionalismos orgânicos os vissem como inassimiláveis. Retomando velhas tradições em novas roupagens, nas últimas três décadas do século, os *pogrom* (ataques populares articulados por agentes do Estado russo) resultaram na morte de milhares, além da expulsão e da migração de cerca de 2,5 milhões de judeus da Rússia e da Ucrânia. E isso se deu em paralelo à implementação de políticas de russificação das populações do Império dos Romanov, por meio das quais era imposta a uniformidade linguística, cultural e, muitas vezes, religiosa.

Até a Primeira Guerra Mundial, essas políticas de limpeza étnica ganhariam uma nova qualidade: o *genocídio*, como se deu no caso do extermínio dos armênios no momento de edificação do Estado Turco. Esses cristãos do antigo Império Otomano, com forte identidade em meio a uma população majoritariamente muçulmana, foram objeto de expulsão forçada e assassinato deliberado em 1915: aproximadamente um milhão e meio de mortos para uma população total que somava pouco mais de dois milhões de pessoas.

Em parte importante desses casos, os nacionalismos se combinaram com outra ideia muito poderosa: o pensamento racista. Produto típico desse tempo, o racismo é uma forma de pensar o mundo por meio da qual os fenômenos sociais são intelectualmente organizados de maneira a classificar e hierarquizar pessoas e grupos humanos em "inferiores" e "superiores", "capazes" e "incapazes", "aptos" e "não aptos", com base na ideia de "raça". Esse modo de pensar faz com que o mal-estar irracional em relação ao outro e os ódios sociais, fenômenos geralmente coletivos catalisados pelo preconceito contra o diferente e pela recusa da diferença, adquiram a aparência de conhecimento racional porque se expressam por meio de uma linguagem que é semelhante à utilizada pelas ciências naturais. Assim, falar de racismo é falar de um conjunto de ideias de longo alcance temporal e de amplo impacto no mundo contemporâneo que emergiram em um ambiente marcado pelo processo de afirmação da ciência como meio de compreender o mundo, tomando dela sua forma de expressão.

SECULARIZAÇÃO E CIENTIFICISMO

Ao longo do século, observa-se uma queda brusca da legitimidade da religião e do pensamento religioso como fundamentos para o conhecimento e a sua substituição progressiva pelas referências do pensamento científico.

O dogma, ancorado na fé, se desintegra aos poucos, deixando de ser o critério e o limite para o conhecimento tanto do mundo natural quanto das sociedades humanas. Não que isso signifique um abandono significativo das crenças ou o desmantelamento das instituições religiosas. Mas, mesmo considerando os reforços trazidos pelos movimentos de renovação religiosa de meados do século, a religião jamais voltaria a ocupar o lugar de fonte da verdade, pelo menos entre os profissionais do conhecimento.

Verdades que tinham pautado o universo intelectual ocidental por um longo período chegaram ao século XIX com vários de seus pilares profundamente abalados em razão da divulgação de ideias de pensadores e investigadores que, há tempos, colocavam em dúvida ou mesmo derrubavam certezas ancoradas na fé religiosa e nos textos sagrados.

Os fundamentos do pensamento cristão sobre o universo (a ideia de que a Terra era plana ou a de que ficava imóvel no centro de um universo perfeito e finito, e a sua volta giravam os corpos celestes como o Sol) chegaram ao século XIX profundamente abalados pela obra de cientistas como Kepler e Galileu, desconcertantes para leitores literais da Bíblia, que indicava que o Sol se movimentava em torno da Terra.

O século XVII já havia visto um homem profundamente religioso como Isaac Newton produzir uma teoria do movimento (mecânica) em que, pela primeira vez, a figura de um Deus que estaria na origem do movimento das coisas do universo se tornava teoricamente irrelevante e dispensável como meio de explicação do mundo físico.

Socialmente, foi se consagrando e se popularizando, aos poucos, a ideia de que nosso mundo não é estático em nenhum aspecto (rompendo com a noção de ordenamento divino), devendo deixar de ser somente objeto de contemplação para se tornar objeto de estudo, estudo científico. Com o tempo, a ciência torna-se uma das mais significativas formas de atividade intelectual.

A afirmação e a popularização da ciência

A grande novidade foi o fato de que a ciência e um tipo de atitude intelectual ligada a ela se disseminaram socialmente como nunca antes. Até o final do século XIX, a ciência se vulgarizou a ponto de ser a principal referência a organizar o pensamento, dar sentido para o observável e conferir legitimidade e autoridade a afirmações feitas sobre o mundo.

A associação entre ciência e técnica contribuiu muito para que isso ocorresse. Com a Revolução Industrial, cientistas passaram a ter um papel relevante no desenvolvimento de tecnologias aplicadas à produção e na busca de novas fontes de energia e de sua aplicação. A invenção da luz gerada por eletricidade por Thomas Edison, já no século XIX, produziu um impacto imediatamente sensível na vida cotidiana. De fato, a ciência aplicada permitiu produzir coisas surpreendentes para os contemporâneos: a já mencionada luz elétrica, o telégrafo, o telefone, o motor a combustão e muitas outras invenções que mudariam radicalmente a vida das pessoas. E isso teve um efeito gigantesco na percepção pública das potencialidades da ciência como forma privilegiada de conhecer a natureza e aplicar esse conhecimento para a vida.

A curiosidade científica de massas no novo século também não pode ser separada da criação de um público leitor desses temas, para o que contribuiu a própria indústria de edição, que não só se ampliou como também passou a editar títulos mais baratos e com linguagem mais acessível. O *Journal des Connaissances Utiles (Revista dos Conhecimentos Úteis)*, fundado em 1831, já tinha alcançado, em princípios de 1832, uma tiragem mensal de 80 mil exemplares. Da mesma forma, a multiplicação de colunas sobre ciência em jornais e revistas fez com que o assunto passasse a fazer parte do cotidiano das pessoas letradas.

Já na segunda metade do século, as *exposições universais*, grandes feiras em que os países apresentavam os seus progressos e conquistas em diversas áreas da vida social, foram o espaço por excelência de celebração pública da técnica e da ciência. A primeira exposição do tipo foi inaugurada pela rainha Vitória em maio de 1851 em Londres, tendo posteriormente circulado ao longo do século pelos centros da modernidade na Europa, nos Estados Unidos e na Austrália. As exposições universais ofereciam ao mundo as ideias de progresso e de civilização materializadas em conquistas da ciência e da tecnologia, e se tornaram os primeiros eventos regulares de massa que a sociedade ocidental produziu: na Exposição de Paris, em 1900, pouco mais de 50 milhões de pessoas circularam entre os pavilhões nacionais que, além dos produtos, descobertas e invenções, demonstravam o orgulho e o senso de superioridade de uma Europa segura de que a ciência e a técnica eram as duas chaves para a modernidade.

Também tiveram papel relevante na divulgação pública da ciência os "relatos de viagens" de exploração científica associada à ideia de desvendamento do mundo. No fim do século, as narrativas de exploradores e conquistadores, muitos dos quais diretamente ligados à expansão imperialista das grandes potências europeias, eram um gênero de leitura altamente popular.

A ciência se tornou tão significativa que se expandiu para áreas que ainda não haviam sido tocadas por ela. Conforme o pensamento positivista, a natureza, a sociedade, a filosofia, a alma humana, tudo poderia ser compreendido pelo crivo da ciência ou da razão. Para os positivistas, por meio da ciência, é possível identificar as leis do mundo e, com isso, projetar seu desenvolvimento, o que acaba por afirmar a ideia de que o *progresso* é um processo contínuo e inexorável de melhoria das sociedades civilizadas. Esse pensamento populariza a ciência também entre aqueles que refletem sobre assuntos das sociedades humanas e desenvolvem projetos para intervir nelas: a ciência se torna também referência para a política.

Grandes polêmicas – fruto de pesquisas científicas que chegaram ao conhecimento do público mais amplo – também tiveram lugar de destaque na popularização da ciência, em particular as que envolveram um dos últimos bastiões do pensamento religioso sobre o mundo natural: a História da Terra e de suas espécies e, em particular, o lugar do homem nesse processo.

Nesse terreno, a autoridade da religião ainda era, em princípios do século XIX, inabalável. Nessa época, acreditava-se que o mundo (ou, pelo menos, os seres vivos) tinha perto de 6.000 anos (cálculo feito a partir da sucessão de gerações posteriores a Adão), que as espécies animais eram fixas (tinham sido criadas por Deus da forma como elas são conhecidas hoje) e que o *homem*, criação especial divina, não fazia parte da natureza. E essa crença, fundada na *verdade da fé*, era tomada como o horizonte possível e a razão de ser da pesquisa científica. Assim, à História Natural – um ramo do conhecimento e uma disciplina que aos poucos se fragmentava em áreas especializadas – caberia confirmar, por meio de evidências empíricas, aquilo que a religião indicava. Resultado: a pesquisa sobre as coisas do mundo ou eram consistentes com a religião ou estavam fora daquilo que poderia ser considerado aceitável.

A importância dessa linha que não poderia ser cruzada pode ser vista com rara clareza na elaboração das teorias de então sobre as diferenças entre os grupos humanos.

Especular sobre as diferenças humanas não era propriamente uma novidade no universo intelectual europeu. Mas o tema foi envolvendo cada vez mais interessados a partir do século XVIII, quando escritores iluministas tentaram dar sentido àquilo que os olhos viam, ainda que não tivessem sido preparados ou instruídos pela Bíblia a ver. Nessa época, não se colocava seriamente em questão a ideia de que todos os homens tinham tido uma origem única (Adão). A teoria da *monogenia* era, portanto, dominante nesse cenário, ainda que convivesse com o incômodo de teorias tidas como "heréticas", que circulavam desde o século XVII. Nos tempos da Revolução Francesa, dominava a ideia, sistematizada por Montesquieu (no livro 14 de *O espírito das leis*) de que, tendo os grupos humanos uma *origem única*, suas diferenças aparentes só poderiam ser explicadas pelo ambiente. Partindo de uma intrincada teoria sobre os efeitos do "ar frio" ou do "ar quente" sobre o corpo humano e suas "fibras", Montesquieu afirmava que "os povos dos países quentes são tímidos assim como os velhos; os dos países frios são corajosos como os jovens".

Com George Cuvier, a teoria sobre o papel do ambiente como causa da variabilidade humana deu um passo além. Proeminente na corte de Napoleão Bonaparte, ele defendia que, apesar da origem única do homem, a variabilidade humana era resultado de um profundo e longo isolamento de grupos humanos decorrentes de uma catástrofe ambiental que teria ocorrido entre 5 e 6 mil anos atrás. O isolamento, somado a fatores ambientais, como o acesso a alimentos e a exposição ao sol, teria levado o homem (originalmente branco) a se diversificar, dando origem a três tipos de humanos: os brancos originais ("caucasianos"), os negros ("etíopes") e os amarelos ("mongólicos"), conforme podiam ser vistos no presente. O tal isolamento também teria tido, além dos efeitos físicos, efeitos intelectuais que permitiriam hierarquizar esses tipos humanos, sendo o "caucasiano" o superior e o "etíope" o mais inferior dos três. Segundo Cuvier, essas qualidades físicas e intelectuais seriam herdadas pelos descendentes e não poderiam ser alteradas por uma breve mudança de ambiente.

Mas essas explicações não satisfaziam os pensadores que, em princípios do século, viam que as contas não fechavam: o tempo narrado pela Bíblia desde a criação da Terra até o presente não seria suficientemente longo para explicar o poder de fixação de características adquiridas do ambiente. Optou-se por recorrer a uma ideia que não era propriamente nova: a diversidade humana se explicaria pelo fato de os tipos humanos terem sido criados separadamente, tendo, portanto, diferentes origens (*poligenia*).

Mas proclamar que homens não teriam tido uma origem única e que só poderiam ter sido criados separadamente não fez com que os poligenistas abandonassem o relato bíblico. Louis Agassiz, um dos mais proeminentes poligenistas de seu tempo, sugeriu que o fato de conhecerem somente os povos de sua região levou os autores bíblicos a escreverem somente parte da História. Assim, mesmo verdadeiro, o relato bíblico era incompleto: outras criações de Deus haviam ficado fora dele. Assim, o relato bíblico continuava a manter seu *status* no mundo do conhecimento.

Com relação aos outros seres vivos, também foram desenvolvidas teorias sobre a importância do ambiente para explicar a variabilidade das espécies. O sistema explicativo desenvolvido por Jean-Baptiste de Lamarck, por exemplo, tornou-se muito influente. Ele propunha que as espécies tinham mudado com o tempo em função do "uso e desuso" de órgãos ou funções, uns se desenvolvendo e outros atrofiando como resultado da adaptação às alterações do ambiente. Para Lamarck, essas características adquiridas são passadas às novas gerações.

Essa forma de ver estava em íntima relação com valores de seu tempo e foi acolhida com entusiasmo, porque a ideia de que a *evolução* pode ser o resultado de adaptações conscientes passou a ser tomada pelos contemporâneos como sinônimo de progresso, de melhoria ou de qualificação. Se aquilo que é vivido como novo por uma geração é apropriado, cumulativa e continuamente, pelas gerações futuras, então o processo evolutivo contém um sentido que lhe é intrínseco: vai sempre do pior e menos qualificado para o melhor e mais qualificado, assim como a história das sociedades. Isso ordena o *reino animal* hierarquicamente, tendo no ponto culminante os seres humanos. De acordo com esse ponto de vista, também o tempo é hierarquizado: o passado é negativo, algo a ser superado, e o futuro, positivo. O otimismo desse modo de pensar aponta necessariamente para um futuro melhor.

Isso só foi alterado a partir da publicação, em 1859, de *A origem das espécies,* de Charles Darwin. Esse livro produziu um verdadeiro terremoto em seu próprio tempo, pois Darwin tocava em dois pontos delicados. Ele afirmava que os seres vivos haviam se diversificado com o tempo, contrapondo-se à ideia de que as espécies eram fixas. E mais: dizia que as espécies evoluíam, mas sua evolução não significava necessariamente um progresso, ou seja, *evolução* e *progresso* não são sinônimos. Evolução significa simplesmente mudança. Algumas mudanças permitiram que determinados indivíduos de uma espécie sobrevivessem em determinadas condições ambientais e, assim, gerassem descendentes com aquelas características que auxiliam a sua. Ao contrário, outras características que impossibilitavam a sobrevivência de seres que as possuíam eliminavam sua capacidade de deixar descendentes.

Darwin não considerava que se podia determinar ou antecipar as causas das mudanças ocorridas: a evolução não era dependente da vontade e, portanto, não era controlável.

Contra todas as tradições anteriores, Darwin é um monogenista não religioso que aponta para a *aleatoriedade* e para a *falta de um sentido que ordenaria* as alterações que fazem com que certas espécies evoluam: as mudanças verificáveis nos organismos não são o resultado da adaptação, mas a adaptação é o resultado de mudanças aleatórias, não controláveis e não previsíveis. O raciocínio é o inverso daquele de Lamarck: quando o ambiente se altera (desde temperatura e disponibilidade de alimentos até o surgimento de elementos patógenos), os seres que, em função de características aleatoriamente adquiridas, têm maior capacidade de adaptação a essas mudanças possuem maiores chances não somente de sobreviver, mas também de passar as suas características para gerações futuras.

Contrariando o exemplo clássico da evolução lamarckiana, o pescoço comprido da girafa não se tornou mais longo porque ela precisou alcançar as folhas mais altas de uma árvore, mas foi o fato de ela ter passado a ter um pescoço mais longo, por alguma razão aleatória e em um prolongado processo evolutivo, que lhe permitiu alcançar essas folhas da árvore.

Além disso, de acordo com a teoria darwinista, não é no espaço de gerações humanas que se podem observar mudanças significativas. Darwin concluiu que a Terra tinha que ser muito mais antiga do que, fora uns poucos geólogos, se considerava então.

Os princípios lamarckianos foram jogados por terra e todo o pensamento evolucionista fundado por ele perdeu seu fundamento mais importante; o livro *A origem das espécies* acabou com as ideias a respeito da possibilidade de controle sobre os fatores de evolução e de sentido do processo evolucionário. Os efeitos foram gigantescos. Deus deixou de ser teoricamente necessário para explicar a origem e os caminhos das espécies no mundo, algo semelhante ao que Newton havia produzido com sua teoria da gravitação universal. A ideia de encontrar, em nosso mundo, estágios distintos do desenvolvimento das espécies foi descartada, já que todas as espécies que conhecemos estão no mesmo estágio evolutivo, da barata ao ser humano, em todas as suas variações. E com isso se dissolveu também a certeza de que entre o passado e o futuro havia uma hierarquia.

Com essas ideias, Darwin ganhou ferozes inimigos, especialmente entre aqueles que viam a Bíblia como o limite do conhecimento. *A origem das espécies* fazia com que a narrativa bíblica sobre a criação do mundo fosse considerada não mais a descrição de como as coisas aconteceram, mas apenas um mito. Os acalorados debates públicos, as reações violentas na imprensa e os ataques constantes vindos dos púlpitos acabaram popularizando ainda mais a teoria de Darwin nos anos 1860. Seu sucesso foi tanto que a teoria darwinista passou a ser regularmente associada, inclusive, a ideias que eram, em muitos casos, distintas ou mesmo contraditórias com a teoria de Darwin.

Esse é o caso, por exemplo, do que seria chamado de "social-darwinismo", nome curioso porque dado a uma teoria que havia sido elaborada anos antes da publicação de *A origem das espécies*. Fundado absolutamente na teoria da evolução de Lamarck, o que ficou conhecido como "social-darwinismo" era fruto das ideias de Herbert Spencer sobre a *evolução das sociedades*, publicadas em 1851 (*Social Statics* [*Estática social*]) e em 1857 (*Progress: its Law and Cause* [*Do progresso: sua lei e sua causa*]).

Vem de Spencer a expressão "sobrevivência do mais adaptado" (*survival of the fittest*), inspirada por sua leitura da teoria da seleção natural de Darwin; o nome "social-darwinismo" nasceu dessa associação. Mas, contrariando Darwin, Spencer manteve a ideia de que as mudanças poderiam ser o resultado de uma opção consciente.

Os sociais-darwinistas supunham que sociedades humanas estavam sujeitas às mesmas leis e aos mesmos padrões de desenvolvimento que norteavam o mundo natural. Para eles, indivíduos de um mesmo grupo nascem iguais e têm possibilidades idênticas de desfrutar dos recursos sociais; as diferenças entre eles surgem em função do uso que cada um faz desses recursos, ou seja, da *sua capacidade* para aproveitá-los da melhor forma possível. O princípio fundamental é o de que, como na natureza, ao longo da vida, são os mais capazes e "mais bem adaptados" (mais aptos) que acabam tendo sucesso na vida social. Esse princípio, de acordo com os sociais-darwinistas, é uma "lei da natureza". No contexto do século, ele ganhou ainda um sentido muito particular: a maior capacidade de determinados indivíduos pode ser reconhecida e identificada pelas posições que eles alcançam na sociedade e são traduzidas, com frequência, pelo par *riqueza* e *poder*. Assim, por definição, os que estão nos estratos superiores da sociedade possuem uma "disposição natural" para permanecer lá e souberam usar essa disposição para chegar aonde chegaram na escala social.

RIQUEZA COMO RESULTADO DE UMA LEI NATURAL

William Graham Sumner (1840-1910)
(Professor titular de Sociologia da Universidade de Yale, advogava algumas das ideias do social-darwinismo)

A propriedade privada, que como vimos, é uma característica de sociedades organizadas em conformidade com as condições naturais da luta pela existência, produz desigualdades entre homens. A luta pela existência é voltada contra a natureza. É de sua mão que temos de arrancar o que satisfaz as nossas necessidades, mas nossos semelhantes são nossos concorrentes por estes recursos insuficientes. A competição, portanto, é uma lei da natureza. A natureza é inteiramente neutra [...]. Ela concede seus prêmios aos mais aptos, sem levar em conta quaisquer outras considerações. Se, então, houver liberdade, os homens retiram dela a exata proporção de seu ser e do seu fazer. Tal é o sistema da natureza. Se não gostarmos e se tentarmos alterá-lo, há apenas uma maneira de fazê-lo. [...] Nós podemos tomar as recompensas de quem se saiu melhor e dá-las a quem se saiu pior. Vamos, assim, diminuir as desigualdades. Vamos favorecer a sobrevivência do menos adaptado e vamos fazer isso destruindo liberdade. Que se entenda que não podemos escapar desta alternativa: liberdade-desigualdade-sobrevivência do mais forte; falta de liberdade-igualdade-sobrevivência do mais fraco. A primeira leva a sociedade para frente e favorece todos os seus melhores membros; esta última leva a sociedade para baixo e favorece todos os seus piores membros.

Fonte: SUMNER, William Graham. *The Challenge of Facts, and Other Essays*. New Haven: Yale University Press, 1914, p. 25. Tradução nossa.

Com essas ideias, o social-darwinismo ajudou a difundir o que hoje sabemos ser mito de que a competição entre as pessoas se dá em igualdade de condições e que a diferença entre ricos e pobres, educados e não educados, poderosos e sem poder se reduz ao esforço pessoal e à maior capacidade de alguns, em detrimento de outros, na luta por recursos limitados. Nesse sentido, o social-darwinismo fundamentava uma atitude de conservadorismo social e político e preconceitos e valores que não eram estranhos ao mundo liberal-capitalista, transmutando-os em "lei científica": quaisquer ações ou projetos políticos que buscassem subverter ou alterar a hierarquia existente podiam, com base nessa concepção, ser recusados em nome da manutenção da "ordem natural" que rege as sociedades humanas.

Essa forma de pensar se espalhou em todo o mundo tocado pelos europeus e demorou a ser contestada.

RACISMO: IRRACIONALISMO EM FORMATO CIENTÍFICO

Paralelamente, a partir de meados do século XIX, disseminou-se no espaço público o pensamento racista, que lançou mão da *linguagem* da ciência natural em um momento em que ela tinha grande prestígio. O pensamento racista tomou o conceito de "raça" como sinônimo de "grupos humanos" para indicar que esses grupos que constituíam a humanidade eram "naturais". Esses "grupos naturais", ou "raças", teriam sido criados separadamente e as características próprias de cada um (e, portanto, suas diferenças com relação aos outros) seriam inatas e imutáveis. Além disso, os traços físicos (fenótipo) que identificariam as "raças" seriam somente a parte mais visível do conjunto, ao qual corresponderiam traços intelectuais, psicológicos, culturais e morais específicos de cada uma delas. As diferenças entre as "raças" não seriam mais que expressões de suas "naturezas específicas" e que se manifestariam tanto na aparência quanto no desenvolvimento que os "grupos humanos" foram capazes de demonstrar ao longo de sua história.

Essa concepção colocou em questão a ideia, muito em voga até então, de que os "povos" considerados "menos evoluídos" poderiam de alguma forma ser civilizados: se o seu estágio de desenvolvimento e a sua cultura eram o resultado de sua capacidade natural mais reduzida, não seria possível fazê-los evoluir – concluíam os racistas.

O pensamento racista não inventou o mal-estar para com a diferença, mas deu a ele uma nova qualidade: o preconceito tornou-se uma atitude socialmente legítima porque adquiriu uma roupagem científica.

Nos tempos do imperialismo, esse raciocínio indicava que a expansão dos europeus pelo mundo se dava exatamente pelo fato de o branco europeu ser a "raça" mais capacitada, "superior" e que, portanto, sua pretensão de dominar "grupos humanos inferiores" estava plenamente justificada, para o bem da humanidade.

Foram também os fundamentos do pensamento racista que animaram o cientista amador inglês Francis Galton a dar uma resposta ao problema da "degeneração dos europeus". Trata-se de uma ideia que circulava em seu tempo, a qual sustentava que a situação social na Europa (o pauperismo e a miséria) não era o resultado da industrialização ou de qualquer outro processo social. O raciocínio partia da noção (fantasiosa, como sabemos) de que os problemas do mundo europeu eram derivados da "decadência racial dos brancos" em razão de um longo processo de miscigenação com outras "raças inferiores", resultando em seu enfraquecimento.

O que para muitos era um processo irreversível, foi encarado por Galton como algo que poderia ser controlado e evitado. Em *Indagações sobre as faculdades humanas e seu desenvolvimento* (1883), Galton defendeu a ideia de que a civilização deu aos homens meios para favorecer o curso da evolução, fazendo com que os recursos existentes fossem utilizados em benefício das "raças mais bem-adaptadas" e, especialmente, dos "indivíduos mais bem-adaptados da raça superior".

Galton propôs a constituição de um campo de conhecimento que se dedicasse a essa tarefa. Adequado ao espírito do seu próprio tempo, batizou essa nova área de *Eugenia* e atribuiu a ela o *status* de ciência que associaria disciplinas diversas como a Biologia, a Medicina, a Psicologia, a Antropologia e a administração do Estado.

A Eugenia orientava-se por uma lógica relativamente simples: a mistura entre pessoas racialmente valiosas com outras de menor valor seria prejudicial, porque o sangue superior corria o risco de desaparecer; o Estado poderia evitar que isso acontecesse.

Os eugenistas imaginavam contribuir para a criação de políticas públicas que favorecessem a procriação dos que eram considerados mais capazes e impedissem que os indivíduos ou os grupos "inferiores" afetassem negativamente a evolução da "raça branca" superior. Suas propostas concretas envolviam desde a canalização de recursos públicos somente para os considerados "racialmente valorosos" até a proibição de casamento ou a esterilização daqueles "inadaptados". Os eugenistas mais radicais chegaram a propor a eliminação física das pessoas ou grupos considerados "socialmente inúteis".

O pensamento racista em sua forma "científica" nos mostra como a linguagem e a atitude intelectual, filhas do racionalismo, se tornaram tão disseminadas ao longo do século que chegaram, de maneira distorcida, a ser utilizadas até mesmo para consagrar socialmente preconceitos, ressentimentos e mitos irracionais.

A influência do pensamento eugenista foi tal que associações e sociedades de eugenia se multiplicaram no mundo ocidental. A eugenia seria ensinada em universidades. Diversos países europeus e os Estados Unidos adotariam suas ideias em políticas de Estado já em princípios do século xx.

A monstruosidade e os efeitos desastrosos do pensamento eugenista são bem exemplificados pelas consequências das políticas levadas a efeito pela Alemanha durante o período da ditadura nazista.

Tempos de concorrência: os Estados europeus e o imperialismo

Após as Revoluções de 1848, inicia-se um período de rara calmaria nas relações entre os países e em suas políticas internas. A sensação corrente era de que os princípios e o desenho da política europeia feito em Viena ainda continuavam sólidos.

Tal sensação perdurou até a chamada Guerra da Crimeia (1853-1855), quando foram colocadas em lados opostos a Rússia e a aliança encabeçada por Inglaterra e França, ameaçando o equilíbrio europeu. Em 1853, a presença de cristãos ortodoxos tanto nos Bálcãs quanto na Palestina serviu de pretexto para o czar justificar as pretensões russas ao controle dessas regiões, então territórios do enfraquecido Império Otomano. Primeiramente, o czar russo propôs ao sultão que reconhecesse o "seu" protetorado sobre os cristãos ortodoxos do Império Otomano. A Inglaterra, interessada também na região, incitou o sultão a recusar a proposta russa garantindo intervir em caso de invasão. O ataque russo, de fato, ocorreu, levando a uma guerra que reuniu, contra a Rússia, Inglaterra, França, tropas otomanas e um reduzido contingente da Sardenha-Piemonte (que buscava entrar no circuito da grande política europeia). O Império Austríaco manteve-se em uma neutralidade inesperada pela Rússia, o que abalaria as relações entre ambos a partir daí. Depois de dois anos de um conflito duro, o Tratado de Paz de Paris (1856) selou o distanciamento, pelo menos temporário, das pretensões da Rússia com relação aos Bálcãs.

Contudo, embora o sistema concebido em Viena começasse a apresentar suas primeiras fissuras, a Europa viveu um tempo de relativa paz. Depois da Guerra da Crimeia, somente três conflitos entre os protagonistas do Congresso de Viena agitaram a Europa: a guerra que reuniu a França e a Sardenha-Piemonte contra a Áustria em meio à formação do Estado italiano (1859); e aquelas em que a Prússia enfrentou e derrotou a Áustria (1866) e a França (1870) no processo de construção do Estado alemão.

A Guerra da Crimeia não mudou o mapa político europeu tal qual desenhado em Viena, mas os conflitos que se seguiram sim. A formação de dois grandes países novos, Itália e Alemanha, abalaria a estrutura do sistema de Viena e os mecanismos que o faziam funcionar. E esse abalo se daria em um momento em que outro fenômeno político entrava em cena: a onda expansionista dos países europeus para o além-mar, ocorrida nos últimos 30 anos do século XIX em uma velocidade alucinante. A combinação entre eles faria o sistema cair de vez.

De fato, o imperialismo reconfiguraria não só a relação entre as potências, como também definiria uma nova era na vida europeia.

A CONSTRUÇÃO DE NOVOS PAÍSES E A POLÍTICA EUROPEIA

A criação e a eliminação de países era um fenômeno relativamente comum na vida europeia. Em um mundo fundado em princípios dinásticos, as fronteiras políticas eram feitas e desfeitas ao sabor de casamentos entre nobres, mortes e guerras. No século XIX, não foi diferente. Muitos países (considerando reinos, impérios, confederações e repúblicas) foram criados ou desfeitos no período entre a Revolução Francesa e o início da Primeira Guerra Mundial. Quase todos tiveram vida efêmera. Só o Império comandado por Napoleão impulsionou a criação de cerca de 30 países novos – todos posteriormente solapados pelo Congresso de Viena. O acordo entre as *potências restauradoras* também contribuiu para a criação de países novos, como o Reino da Grécia, o Reino Unido dos Países Baixos, o Reino das Duas Sicílias – estes dois últimos não sobreviveram muito tempo.

O processo de surgimento e desaparecimento de países esteve ligado, por ação ou por omissão (quando a intervenção esperada acabava não ocorrendo), aos interesses políticos das potências europeias: França, Áustria-Hungria, Rússia, Prússia e Inglaterra. Os interesses dessas potências se fizeram presentes também na criação da Itália, da Alemanha e dos países da parte europeia do cada vez mais fragilizado Império Otomano: Bulgária, Romênia, Sérvia e Montenegro. Contudo, no caso das "unificações" da Itália e da Alemanha, surgiram algumas novidades importantes: (1) os novos países foram criados às expensas do Império Austríaco, uma das potências centrais da Europa Continental; (2) por sua configuração final, eles próprios se tornaram membros do restrito clube das potências europeias, o que representou, especialmente do ponto de vista da França, uma ameaça direta a sua posição no continente. Para Inglaterra e Rússia, contudo, o enfraquecimento do Império dos Habsburgo e da França não era propriamente malvisto. Estes dois novos países, o Reino da Itália e o Império Alemão, foram criados a partir da reunião, por adesão espontânea ou pela incorporação forçada, de unidades políticas menores sob a hegemonia de Estados previamente existentes: no caso italiano, a Sardenha-Piemonte, um Estado não mais que secundário no cenário europeu, e, no caso alemão, a Prússia, essa sim uma potência que já tinha brilho próprio.

Esses traços podem sugerir que se tratou de processos de mesmo tipo, em geral chamados de movimentos de "unificação". Contudo, o exame mais detido nos mostra que foram movimentos distintos entre si.

A criação da Itália foi obra de liberais e a da Alemanha, de conservadores. Na Itália, não havia nenhuma estrutura política e administrativa ou qualquer desenho anterior que pudessem servir de inspiração ou que fossem semelhantes às fronteiras do *novo* Reino da Itália. Os reinos da Itália até então existentes sempre foram frações maiores ou menores de territórios do norte da península, nunca ultrapassando seu centro, e sempre concorrentes com outros países existentes na região. Assim, além do catolicismo, não havia elementos comuns às regiões que se estendiam do norte ao sul da península, e menos ainda qualquer espaço comum, fosse econômico ou administrativo.

Já o histórico da criação do Império Alemão tinha atrás de si a experiência de unidades políticas federadas: inicialmente o Sacro Império Romano Germânico e, posteriormente, as confederações de Estados com uma estrutura política e administrativa mais ou menos elaborada. Todas essas unidades federadas cobriam a região centro-europeia desde as costas do mar do Norte até o Tirol, das fronteiras com a França à Prússia Oriental, margeando o Império Russo.

No caso italiano, o produto foi um *Reino* que, no final do processo, tornou-se algo maior do que seus artífices haviam imaginado inicialmente. No caso alemão, o resultado foi um *Império*, menor do que muitos nacionalistas alemães desejavam, fazendo com que este fosse chamado, com propriedade pelo historiador Hans-Ulrich Wehler, de um movimento de *divisão* e não de *unificação*.

O nome de *Império*, usado pelo novo Estado sob a liderança de Bismarck, retomava somente em termos simbólicos e propagandísticos o Sacro Império (desfeito por Napoleão em 1806), mas reconhecia implicitamente que se tratava de um tipo de "federação" dos países anteriormente existentes (como os reinos da Baviera, de Würtenberg e da Saxônia, os grão-ducados de Hessen e de Baden, dentre outros) que não eram mais plenamente autônomos.

A criação do Reino da Itália

A primeira tentativa de construir uma unidade política na península itálica sob a bandeira do nacionalismo malograra em 1848, porque faltaram duas coisas essenciais: a disposição dos países da península para se reunirem em um único Estado e o apoio de qualquer potência europeia para superar o maior de todos os obstáculos para a construção de um Estado unificado, a posição hegemônica da Áustria na região. Sem uma guerra com os Habsburgo e sem apoio de alguma outra potência europeia, qualquer iniciativa esbarrava na fragilidade do Exército do Reino da Sardenha-Piemonte diante do Exército austríaco.

O parceiro encontrado pelos liberais nacionalistas italianos foi Napoleão III que atendeu à solicitação do conde de Cavour, primeiro-ministro liberal do rei Victor Emmanuel II, da Casa de Saboia, exigindo como contrapartida, a título de compensação, a incorporação pela França de fatias de territórios do Reino da Sardenha. Ele não exigiu quaisquer territórios, mas partes simbolicamente importantes da Sardenha (Nice, terra de Garibaldi, e Saboia, território original da Casa de Saboia, família dinástica do reino).

Países da península itálica – 1858

Os países localizados na península italiana foram, progressivamente, incorporados pelo Reino da Sardenha-Piemonte, formando, assim, o Reino da Itália.

O Estado italiano seria montado aos poucos. O desejo inicial era construir um novo Estado incorporando à Sardenha-Piemonte os países sob o domínio direto ou indireto dos Habsburgo, formando uma unidade política que se estenderia até o meio da península, e que era mais ou menos coincidente com o (já inexistente) Reino da Itália criado por Napoleão. Essa proposta deixava intocados os Estados Papais, então sob proteção francesa, e o Reino das Duas Sicílias, cujo rei, Francisco II, era um Bourbon, com conexões dinásticas diretas com a Espanha. Com isso em mente, a Sardenha foi à guerra em 1859 auxiliada por tropas francesas contra a Áustria pela incorporação da Lombardia e de Veneza, que estavam sob controle direto do imperador austríaco. Ao final do conflito, os sardos conquistaram a Lombardia, mas Veneza se manteve nas mãos dos Habsburgo.

Em seguida, os pequenos Estados independentes de Parma, Toscana, Módena e Romagna, cujos príncipes Habsburgo haviam fugido durante a guerra e, depois, impedidos de retornar, decidiram, em 1860, por interferência de Cavour, incorporarem-se ao fortalecido Reino da Sardenha-Piemonte.

O terceiro ato do processo de constituição desse novo Reino da Itália veio da ação de um movimento nacional republicano, de perfil revolucionário, liderado por Giuseppe Garibaldi. Para além daquilo que imaginava Cavour e do que tinha sido acordado com Napoleão III, Garibaldi partiu para a Sicília com uma tropa de voluntários (conhecida como a "Expedição dos Mil"). Depois de derrotar as tropas de Francisco II e declarar-se ditador da Sicília, Garibaldi anunciou que avançaria sobre Roma e os Estados Papais que dividiam a península e finalmente proclamaria, em Roma, o novo Estado, a Itália. Para impedir que o republicanismo de Garibaldi fragilizasse o processo de construção de um Estado monárquico, Cavour, em acordo com Napoleão III, enviou tropas da Sardenha-Piemonte para deter Garibaldi. Quando as tropas de Cavour atravessaram os Estados Papais, estes foram incorporados ao novo Estado, reunindo o norte com o sul da península e colocando um freio no avanço de Garibaldi. Após o plebiscito realizado no Reino das Duas Sicílias em outubro de 1860, que apoiou, por ampla maioria, sua incorporação ao Reino da Sardenha-Piemonte sob Victor Emmanuel II, Garibaldi se retirou de cena.

Assim, o Reino da Itália ficou maior do que haviam imaginado Cavour, Victor Emmanuel e seus apoiadores (mas tão grande como queria Garibaldi), ainda que "incompleto" do ponto de vista dos nacionalistas: Veneza (nas mãos dos austríacos) e Roma (controlada pelos franceses) ficariam de fora do desenho final do novo Reino da Itália até 1870, quando, durante a Guerra Franco-Prussiana, a Itália finalmente incorpora essas regiões.

A criação do Império Alemão

Já a construção do Império Alemão sob a liderança prussiana foi fruto da disputa entre duas potências do cenário europeu: a Prússia e a Áustria. O movimento foi a culminação de diversas tentativas prussianas de acabar com a preponderância austríaca na Europa Central.

A construção do Estado alemão liderada por Otto von Bismarck, primeiro-ministro de Guilherme I e adversário convicto do liberalismo, foi a vitória de um projeto de Império sob a égide da Prússia comandada pela dinastia dos Hohenzollern, que, por excluir a Áustria, foi chamado de "pequena Alemanha".

Para atingir seus objetivos, Bismarck operou uma política de revisão tanto das fronteiras quanto da soberania de Estados localizados na Europa Central, que se inicia com a Crise de Schleswig-Holstein em 1864. Em função de um intrincado problema de sucessão dinástica nos ducados de Holstein (parte do Reino da Dinamarca) e Schleswig (parte da Confederação Alemã), Bismarck envolveu a Áustria em uma guerra rápida contra a Dinamarca que, derrotada, acabou cedendo Holstein à Áustria e colocando Schleswig sobre administração prussiana.

A criação do Império Alemão

▨	Prússia em 1815
▥	Adquirido pela Prússia em 1815-66
▨	Território Imperial de Alsácia-Lorena em 1871
—	Fronteira da Confederação Germânica de 1815
—	Fronteira da Confederação do Norte Germânico de 1866
—	Fronteira do Império Germânico em 1871

A partir de meados da década de 1860,
da diversidade de países que compunham
a Confederação Alemã foi criado,
sob a égide da Prússia,
o Império Alemão.

No início de 1865, Bismarck iniciou a preparação de uma investida contra a Áustria negociando a neutralidade da França e, posteriormente, uma aliança com o novo Reino da Itália. Em meados do ano, aproveitando tensões na administração de Holstein, Bismarck ordenou a sua invasão por tropas prussianas. Seguiu-se a condenação do ato pela Assembleia da Confederação Alemã que, por iniciativa da Áustria, declarou guerra à Prússia.

A Guerra Alemã envolveria 13 membros da Confederação que lutaram ao lado da Áustria e 16 que seguiram a liderança prussiana, além da Itália, que aproveitaria o conflito para tomar Veneza dos austríacos. Graças a ações fulminantes do Exército prussiano e a uma expectativa geral de encurtar o conflito para impedir o envolvimento de outras potências como a Rússia ou a França, a guerra durou somente sete semanas.

O resultado foi: a desconstituição da Confederação Alemã e o crescimento da Prússia por meio da incorporação de territórios dos Estados derrotados (Áustria, Baviera, Württemberg) e da anexação integral da Cidade-Livre de Frankfurt, do Reino de Hannover e do Ducado de Nassau. Além disso, a Guerra Alemã teve como consequência a reorganização dos Estados sob a liderança prussiana na Liga Alemã do Norte, em 1867, um Estado federado sob a presidência da Prússia que excluía a Áustria, os reinos da Baviera e de Württemberg e o Grão-Ducado de Baden. Com os últimos três, Bismarck conseguiu firmar um tratado de aliança defensiva que anunciava expectativas de maior aproximação. A adesão desses três Estados ao Império construído pela Prússia, contrariando Napoleão III, deu-se pouco depois em meio à Guerra Franco-Prussiana, o ato final do processo de construção de um Estado nacional alemão sem a inclusão da Áustria.

Essa guerra foi o resultado de um acidente diplomático causado por Bismarck no contexto da vacância do trono espanhol antes ocupado por Isabela II. Com a desistência do primeiro sucessor, o próximo seria o príncipe Leopold da casa Hohenzollern, que aceitou a indicação. Receosa por ter seu território rodeado por duas monarquias dos Hohenzollern – a Prússia e a Espanha –, a França reagiu com firmeza. Diante das pressões do governo francês, Leopold desistiu; ainda insatisfeito, o ministério francês exigiu de Guilherme I uma declaração de que a casa Hohenzollern jamais aceitaria uma indicação para o trono espanhol. O monarca recusou a exigência da França em um telegrama protocolarmente cordial. Mas Bismarck resolveu publicá-lo na imprensa "em forma resumida", em que perdeu seu tom diplomático, provocando uma onda de indignação na França e uma justificativa para que os franceses declarassem guerra à Prússia em 19 de julho de 1870.

O resultado do conflito foi verdadeiramente desastroso para a França. Seu exército, mal preparado e malconduzido, sofreu uma derrota humilhante em 2 de setembro na Batalha de Sedan, onde acabou capitulando. O imperador Napoleão III foi levado prisioneiro pelos prussianos.

Seguiu-se a queda imediata do regime e a instalação de um governo republicano de Defesa Nacional, mas a tentativa de reverter a situação militar, inclusive por meio do recrutamento para a Guarda Nacional parisiense, não deu resultados.

Em meio ao desastre militar e ao Cerco de Paris, iniciado em setembro, o governo provisório acertou um armistício com o comando alemão que deveria ser ratificado por um governo eleito ainda durante a guerra. As eleições ocorreram em 8 de fevereiro e delas saiu uma Assembleia composta em 2/3 por monarquistas que aprovariam as condições de uma rendição humilhante: ao lado do pagamento de reparações, a França concordava com a perda dos territórios da Alsácia-Lorena que seriam anexados ao Império Alemão.

Antes disto, porém, em 18 de janeiro, na Sala de Espelhos do Palácio de Versalhes, que então servia como quartel-general dos prussianos, Guilherme I foi proclamado imperador do novo Império Alemão. Para os nacionalistas mais exaltados, esse império foi considerado um Estado nacional incompleto em razão da ausência de outros "alemães", em especial aqueles do Império Austríaco.

Contudo, não havia dúvida de que o novo Estado construído no coração da Europa já nascia poderoso. Com mais de 42 milhões de habitantes (6 milhões a mais que a França e perto de 10 milhões a mais que Inglaterra), o Império Alemão não só era militarmente forte, mas também uma potência econômica e política.

O armistício com a França foi finalmente assinado em 26 de fevereiro de 1871, garantindo a paz entre franceses e alemães, mas inaugurando uma guerra civil na França.

A Comuna de Paris

A ebulição daquela que seria a última grande onda revolucionária do século XIX e que, mais uma vez, assustaria as elites europeias teve início ainda durante a Guerra Franco-Prussiana. Quando a nova maioria monarquista da Assembleia ratificou o armistício, os parisienses, que haviam eleito uma folgada maioria de republicanos, consideraram que os deputados não somente capitulavam frente ao inimigo alemão, mas também preparavam um golpe para derrotar a jovem Terceira República e restaurar a monarquia. Também entre os membros da Guarda Nacional, cerca de 3/4 dos 400 mil homens que compunham a defesa de Paris, o sentimento de traição foi muito difundido. Contrapondo-se à decisão da Assembleia, a Guarda Nacional decidiu continuar a guerra e resistir ao invasor.

O novo governo, comandado por Adolphe Thiers (de tendência monarquista), acirrou ainda mais os ânimos ao nomear três monarquistas para comandar a administração e a segurança da Paris republicana, e suspender o pagamento do soldo da Guarda Nacional. No dia 18 de março, Thiers enviou uma tropa do Exército para desarmar e desmobilizar os descontentes em Paris. Essa foi a gota-d'água da insurreição, pois os soldados, ao chegarem a Paris, se confraternizaram com os membros Guarda Nacional; os generais que tentaram impedi-los acabaram mortos.

A partir daí, a população de Paris se pôs a constituir um novo governo para a cidade. Em 26 de março, foi eleito um Conselho Geral da Cidade, composto por um amplo espectro de conselheiros de posições socialistas e republicanas. Ao lado de medidas cheias de simbolismo, como a adoção da bandeira vermelha, o Conselho recuperou e abraçou preceitos da Constituição Montanhesa de 1793 e institui um conjunto de medidas que buscavam democratizar e laicizar a sociedade: sufrágio universal e igualdade civil para as mulheres, separação entre Igreja e Estado, legalização de sindicatos, introdução de eleições para funcionários públicos, abolição da pena de morte, introdução da educação gratuita, secular e mista, além de um leque amplo de garantias sociais e liberdades civis.

Esse governo revolucionário, conhecido como Comuna de Paris, foi fustigado pelo governo de Thiers por meio de ataques sucessivos até que as tropas conservadoras conseguiram entrar na cidade em 21 de maio, protagonizando um dos grandes massacres dos tempos contemporâneos na chamada "Semana Sangrenta" (até 28 de maio). Thiers garantiu que o número de mortos por execuções sumárias não passou de 17 mil, mas outros cálculos apontaram para até 35 mil mortos, muitos dos quais sem qualquer registro. A repressão prosseguiu e, posteriormente, cerca de 50 mil pessoas acabaram presas, deportadas ou condenadas à morte.

Embora derrotada, a Comuna de Paris passou a ter uma grande importância simbólica pelo fato de haver demonstrado o quanto o ímpeto revolucionário em torno da ideia de uma república social e radicalmente democrática ainda estava ativo. Por outro lado, o grau e a amplitude da repressão – inéditos –, com seus massacres e seu número altíssimo de execuções sumárias, estabeleceram uma nova marca de até onde poderia ir a violência de Estado ao sufocar insurreições sociais. A repressão fez com que o movimento socialista francês, então em processo de crescimento, bem como a Associação Internacional de Trabalhadores, conhecida como Primeira Internacional, perdessem lideranças importantes e recuassem. Para o movimento operário francês, foi um verdadeiro desastre: não menos que dez anos seriam necessários para reconstruir suas organizações e lideranças e recuperar sua influência.

A Alemanha e o novo cenário internacional

Os anos que se seguiram à Guerra Franco-Prussiana observaram o sistema de Viena se dissolver. O clube das potências que definiam os rumos da grande política europeia tornara-se diferente e as regras do jogo também.

O papel central desempenhado pela França no jogo político europeu foi-se junto com o Segundo Império e com Napoleão III em Sedan. O eixo em torno do qual a política europeia girava passou a ser Berlim e a Prússia, aumentada e transmutada em Império Alemão. E isso por levar no currículo três guerras vitoriosas e, surpreendentemente, breves contra inimigos do calibre da França e da Áustria-Hungria, e por ter guiado um bem-sucedido processo de criação de um Estado centralizado.

Rússia e Áustria-Hungria, cujas relações mútuas estavam abaladas desde 1853, tinham perdido muito de sua proeminência: se a primeira mostrou-se um gigante com pés de barro durante a Guerra da Crimeia, a segunda, sequencialmente derrotada em guerras localizadas, registrou a perda não só de territórios e de influência política, mas também o endividamento do Estado. Além disso, ambas tinham interesse direto na parte europeia do cada vez mais cambaleante Império Otomano, o que não facilitava as aproximações.

A Inglaterra, envolvendo-se em assuntos continentais só quando eles esbarravam em seus interesses, seguia senhora dos mares e vigorosa economicamente. Seu apoio para a formação dos novos Estados se manteve em destaque na política europeia.

Nesse cenário, começou ser desenhado o que se chamou de "sistema de Bismarck", que pautaria as relações entre os países. O seu ponto de partida foi a adoção pelo chanceler alemão de uma *política de saturação*, explicada em uma mensagem submetida ao Parlamento logo o final da guerra com a França: o novo Império estava satisfeito com o desenho político da Europa e não tinha nenhum interesse em voltar a "se envolver com a vida interna de outros povos de qualquer forma ou sob qualquer pretexto". Bismarck queria manter o *status quo* das potências europeias, tal como ficara disposto em 1871, indicando que se interessava unicamente pelos problemas internos da Alemanha. Mas, mesmo buscando diminuir as tensões internacionais, não deixava dúvidas de que quaisquer pretensões francesas de rever o *status* da Alsácia e da Lorena não seriam toleradas.

Bismarck construiu um sistema de alianças com as monarquias conservadoras da Rússia e da Áustria-Hungria (Tratado dos Três Imperadores, de outubro de 1873) com o propósito de isolar a França no continente. Esse sistema de alianças, posteriormente, envolveu a Itália e contou até mesmo com a Inglaterra. Isso, do ponto de vista do chanceler, garantiria a segurança da Alemanha no cenário europeu.

Contudo, a aliança não resistiu a uma nova Guerra Turco-Russa (1877-1878), solucionada em uma conferência que aconteceu em Berlim, presidida por Bismarck, com representantes de todas as potências presentes. Insatisfeita com o resultado da conferência, a Rússia distanciou-se dos pares. Contudo, a centralidade da Alemanha entre os Estados europeus ficou evidente. Mesmo com o afastamento russo, o sistema de alianças se manteve, girando agora em torno do eixo constituído por Alemanha, Itália e Áustria-Hungria.

Em pouco mais de uma década, a novidade representada pela criação da Itália e da Alemanha produziu um rearranjo na forma como os Estados europeus atuavam: o tempo em que os atores eram *Estados individuais* deu lugar a outro no qual o protagonismo passou a ser de *grupos de Estados* aliados. Esse processo se deu paralelamente a outro fenômeno que também seria central na política europeia: a busca desenfreada por colônias, o imperialismo.

IMPERIALISMO E COLONIALISMO

O último terço do século XIX ficou conhecido na História Ocidental como a "Era do Imperialismo". Não que a expansão das potências europeias ou a prática de constituição de impérios coloniais fossem uma novidade. Ao contrário: desde a Antiguidade, a Europa conviveu com práticas imperiais e com experiências coloniais de diversos tipos. De fato, diversos países europeus chegaram ao século XIX com colônias estabelecidas ou buscando a ampliação de suas possessões no "ultramar". Ao lado de Portugal e da Espanha, com suas antigas, mas cada vez menos seguras possessões coloniais, a França (com suas colônias no Caribe, na América do Norte e na Ásia, sem falar em sua presença no Egito e do início da investida francesa na Argélia a partir de 1830) e a Inglaterra (com o Canadá, áreas no Caribe, no sul da África, a Austrália e a Índia) já eram países coloniais.

Contudo, nos últimos 30 anos do século XIX, um novo tipo de prática expansionista transformou não somente o mapa do colonialismo no mundo e as redes de comércio até então conhecidas, como também as feições das sociedades colonizadas e colonizadoras. Essa nova forma de colonizar reconfigurou as feições o mundo em um ritmo tão assombroso que não se tem muita dúvida de que ela foi um fator decisivo da política (externa e interna) das potências envolvidas.

De fato, depois de séculos de prática colonial e de constituição de gigantescos impérios no ultramar, a Europa chegou até meados do século XIX controlando um pouco mais que 30% do globo. Em princípios do século XX, o salto já é visível: em torno de 80% da superfície terrestre estava sob o controle direto de potências europeias.

Só no último quarto do século XIX, cerca de 1/5 de toda a superfície do globo e cerca de 1/10 dos habitantes da Terra passaram a ser diretamente controlados pelas potências coloniais. Isso se fez acompanhar de um enorme crescimento econômico das potências europeias e do aumento exponencial da burocracia e dos exércitos coloniais formados pelo princípio de dominar e domar o "barbarismo" ou a "falta de civilidade" daqueles que eram então chamados de "povos de cor", considerados racialmente inferiores.

Esse novo quadro começa a se desenhar nas últimas décadas do século XIX, não antes.

A nova onda expansionista a partir dos anos 1870

Em meados do século XIX, a indiferença ou mesmo a recusa são as reações típicas das sociedades e de governantes europeus quando confrontados com o "problema colonial". Na Inglaterra, a experiência da perda das colônias na América e o vínculo da colonização com a escravidão haviam produzido um clima geral de resistência à ideia de expansionismo colonial. Ainda em 1852, o primeiro-ministro britânico Benjamin Disraeli (que 20 anos mais tarde se tornaria um dos impulsionadores do imperialismo inglês) expressou essa descrença generalizada nas potencialidades da empresa colonial ao afirmar que as colônias britânicas eram uma "grande pedra de moinho em nosso pescoço". Em 1865, no mesmo espírito, uma comissão do Parlamento designada para avaliar a situação das colônias na África Ocidental propôs que a Grã-Bretanha se distanciasse progressivamente da administração das colônias e, por fim, saísse da região.

Pouco mais de dez anos depois, a situação seria completamente diferente. Em 1875, o primeiro-ministro britânico William Edward Forster, falando do entusiasmo popular pela manutenção do império colonial, provocou: "Quem mais fala em abrir mão das colônias?"

Também na Alemanha, um jovem Estado sem qualquer experiência colonial anterior, a percepção de homens de Estado sobre a empresa colonial não era diferente em um primeiro momento. Para o primeiro-ministro Otto von Bismarck, com os empreendimentos coloniais, os gastos do Estado "jamais seriam compensados pelos lucros obtidos". Além disso, quando o novo Estado alemão buscava se equilibrar na delicada balança de poderes europeia, a possessão de colônias poderia trazer rivalidades adicionais, em especial com França e Inglaterra.

Contudo, nos anos de 1880, a Alemanha viu surgir um movimento vigoroso em prol da expansão colonial, em torno do entendimento de que as colônias viabilizariam o Estado recém-constituído e lhe dariam mais prestígio.

Também na Bélgica, até a década de 1870, pouca importância era dada a qualquer projeto expansionista nos círculos de governo. Ainda que Leopoldo II, monarca constitucional do país, fosse um entusiasta da expansão colonial, o governo belga repetidamente rejeitou propostas suas de compra ou ocupação de territórios nas Américas, na Ásia e na África.

A solução encontrada por Leopoldo foi constituir uma associação privada em 1876, que, sob justificativa filantrópica e científica, criou os meios para ocupar uma enorme região na bacia do Congo, no coração da África, que se tornaria uma colônia privada e pessoal. A partir de então, o interesse por projetos coloniais cresceu na sociedade belga.

Na França, Paul Leroy-Beaulieu lançou, em 1884, *A colonização dos povos modernos*, um verdadeiro manifesto em favor da expansão colonialista. Pouco menos de 20 anos mais tarde ele se recordaria de que, naquele momento, a colonização era ainda, "em toda a Europa continental, um assunto para poucos. As pessoas a desdenhavam quase como um anacronismo". O editor do livro havia lhe dito que "obras sobre a colonização não vendiam".

Com a nova edição do livro, ele encontrou um ambiente completamente diferente: "hoje, a utilidade da colonização não é mais discutida. Tem-se por ela quase tanto entusiasmo quanto se tinha antes desdém".

Os motores da expansão

O fato de que as sociedades e os governantes europeus, mais ou menos em um mesmo momento, deixaram de desdenhar a empresa colonial e passaram a valorizá-la é intrigante.

Sendo um fenômeno em que elementos diversos se combinam e se mostram altamente interdependentes, há processos e motores, sem dúvida, particulares a cada um dos países. Mas alguns aspectos comuns também podem ser observados.

Os países que se lançam na empreitada colonialista nas últimas décadas do século XIX, excetuando-se a Rússia, são aqueles que haviam se industrializado. E o momento em que essa nova onda expansionista é alavancada e atinge o seu ápice coincide com um tipo particular de crise que se abate justamente sobre os países industrializados europeus: diversos ramos de produção entram em declínio e deixam de ser atrativos para investimentos de capital; a queda progressiva na taxa de lucro faz da busca por novas soluções de investimento um tema generalizado entre os capitalistas no período. Assim, nesses países, o protecionismo e uma política externa e comercial mais agressiva se tornam palavras de ordem nos anos 1870. Não é uma mera coincidência o fato de que o período de maior intensidade da chamada "corrida imperialista" e de maior fluxo de capitais para regiões coloniais foi inaugurado pela Grande Depressão, a recessão econômica que se estende pelas décadas de 1870 e de 1880 na Europa.

A economia colonial, que já havia se mostrado lucrativa, aparece como uma válvula de escape para capitais acumulados em busca de investimento. Parte do capital investido no exterior é redirecionada para empreendimentos nas áreas coloniais – em especial em setores de produção de bens coloniais, indo desde alimentos, minerais e metais preciosos até matérias-primas –, que passam a ganhar importância em função dos desenvolvimentos tecnológicos. Com um mercado europeu relativamente pouco abastecido por esses bens, os ganhos derivados do investimento acabam sendo altos. Da mesma forma, as colônias abrem espaço para investimentos em infraestrutura que se tornam altamente lucrativos, como no caso das estradas de ferro locais, que facilitam e potencializam a exploração de produtos coloniais comercializáveis na Europa. Com isso, as colônias aparecem como *unidades de produção de lucro*. Após ser governador da colônia da África Alemã do Sudoeste, a atual Namíbia, Theodor Leutwein, em um livro em que avalia sua experiência, não deixa dúvidas sobre os propósitos da empresa colonial: "O objetivo final de toda a colonização é [...], em última instância, apenas o negócio. A raça colonizadora talvez não traga para a população nativa das terras colonizadas a felicidade esperada, visto que ela busca, principalmente, a sua própria vantagem. [...] No que diz respeito ao tipo de colonização, há, portanto, basicamente, apenas uma orientação, ou seja, aquela que leva de forma mais segura ao esperado bom negócio".

Paralelamente, cálculos geopolíticos, envolvendo a *ameaça* de que potências rivais pudessem se apropriar de "territórios desocupados", também impulsionaram parte das ações expansionistas.

A política de conquistas de territórios na Ásia Central pelo Império Russo entre as décadas de 1860 e de 1880 é um caso ilustrativo, já que não foi motivada nem por interesses de alocação de capital nem por interesses ligados à industrialização, ainda muito frágil na Rússia, mas por interesses políticos de controle da região. E estes resultaram, diferindo de todas as outras experiências europeias, em um império territorialmente contínuo.

Mas, mesmo as potências que se lançam na empreitada imperialista movida por interesses econômicos não deixam de lado o cálculo geopolítico, quando se trata de tomar decisões a respeito de gastos com a empresa colonial. Alemanha, França, Grã-Bretanha e Rússia, por exemplo, competiam por influência política junto ao Império Otomano e à Pérsia por sua importância estratégica, ainda que fossem áreas com possibilidades limitadas de exploração colonial ou de controle direto. Apostando no *controle indireto* das regiões, essas potências passaram a ser agentes ou intermediadoras de financiamento de grandes projetos como redes de transporte e infraestrutura urbana, apostando na possibilidade de afirmar a sua posição e limitar a influência de potências concorrentes no mesmo território.

Os instrumentos da expansão

Seja por qual elemento motor, a expansão e a conquista de territórios assumem formas diferentes e envolvem atores distintos. Parte dos que realizam as conquistas são agentes a soldo dos Estados, mas, em sua maioria, os "exploradores" são financiados por capitais privados. Estes vêm, na maior parte das vezes, ou de companhias de comércio ou de associações de financiadores, que permitem levantar o dinheiro necessário para a constituição de equipes de exploração, de exércitos coloniais privados e da infraestrutura necessária à conquista de territórios. O mapeamento do território e a identificação de produtos de alta lucratividade no mercado europeu, como o marfim, a borracha, óleos vegetais, pedras e metais preciosos, constituem os objetivos de muitas dessas expedições.

Henry Morton Stanley, que cruzou a bacia do Congo em 1871 e em 1872 financiado por dois jornais, publicou um livro em que apresentava as potencialidades para investimentos na África. Ele esperava encontrar acolhida entre os capitalistas ingleses, mas o momento não foi o melhor: a crise econômica ainda não chegara à Inglaterra. Somente um entusiasta lhe deu ouvidos: Leopoldo II, rei da Bélgica, que decidiu investir no Congo e contratou o "explorador" para ser o artífice de suas conquistas no centro da África.

Foram também viagens com financiamentos privados que resultaram nos "tratados de proteção" firmados entre grupos nativos e o Império Alemão pelo comerciante Adolf Lüderitz no Sudoeste da África (a atual Namíbia) e pelo "explorador" Carl Peters na África Oriental (hoje, Tanzânia, Ruanda e Burundi).

Em outros casos, foram firmados tratados em nome de Companhias de Comércio, como a British South African Company, uma concessão da Grã-Bretanha a Cecil Rhodes, minerador que fez fortuna na África do Sul e que, na década de 1890, foi o responsável pela expansão do império colonial britânico no sul do continente africano.

Não raro, as ações privadas de apropriação de territórios em nome de um Estado produziram conflitos e acirraram a rivalidade internacional quando a busca por colônias começava a se intensificar.

Nesse cenário de tensões, as incorporações alemãs, entre 1883 e 1884, no Sudoeste da África, na África Oriental, no Togo e em Camarões se somaram às disputas que envolveram a Inglaterra, a França, Portugal e Leopoldo II. Elas desembocaram em uma tentativa de regular a ocupação da África na época da corrida para a conquista de território: a Conferência de Berlim. Iniciada em 15 de novembro de 1884 e indo até 26 de fevereiro de 1885, a Conferência foi convocada tendo em vista as disputas envolvendo a África Central ao longo da bacia do rio Congo, desnecessário dizer, sem a participação de qualquer representante das populações autóctones.

O documento final do evento garantiu a livre navegação dos rios Niger e Congo, e estabeleceu o princípio segundo o qual toda potência teria o direito a firmar possessões sobre um território do qual tenha sido a primeira a se apropriar.

Além disso, de grande alcance foi o fato de a conferência haver reconhecido a existência do Estado Livre do Congo, possessão pessoal de Leopoldo II (na realidade uma possessão privada da sua Associação Internacional do Congo), com quase dois milhões de quilômetros quadrados de área e que seria acessível ao comércio de todas as nações.

Estava, com isso, estabelecido o terreno da disputa por possessões coloniais e elas se intensificaram a partir de então, tendo o imperialismo se tornado uma febre.

A expansão para o ultramar e o estabelecimento de colônias aparecem, nas últimas duas décadas do século XIX, como um tema recorrente nas sociedades europeias. Associações são constituídas por toda a Europa e funcionam ora como grupos de pressão, ora como estrutura organizativa para o *movimento colonial*. Muitos jornais e revistas são criados para tratar exclusivamente do tema, e uma vasta literatura que vai da ficção a relatos de experiências coloniais passa a ser publicada, inundando o espaço público de diversos países com o assunto da colonização.

A popularidade do imperialismo em todas as classes baseou-se em um conjunto de argumentos que davam legitimidade ao expansionismo, dos quais o *projeto civilizatório e missionário* teve destaque inegável. A ideia de que as "nações brancas" tinham a obrigação de levar aos atrasados "povos de cor" as benesses da civilização fundamentou a ideologia expansionista. Paul Leroy-Beaulieu diferenciou a colonização da emigração justamente pelo fato de que, enquanto esta é uma atividade "tão antiga quanto o mundo" por ser uma "questão de instinto" e feita por "quaisquer bárbaros ou selvagens", a primeira é uma atividade que só seria possível aos "povos civilizados". Em função de sua vitalidade e capacidade cultural superior, estes deveriam governar os "povos bárbaros" até o momento em que eles próprios pudessem assumir a direção de suas vidas, como se faz com crianças.

Ainda que naturalmente distantes da vitalidade e da capacidade cultural das "raças mais evoluídas" da Europa, os "povos de cor" poderiam ser retirados de seu estado primitivo e colocados em posição de contribuir para a humanidade, desde que corretamente direcionados. A colonização seria, assim, um fator de desenvolvimento humano pela via da caridade, ação que seria possível somente aos povos civilizados, que levariam as conquistas da civilização para os povos "mais atrasados". Combinada com a religião, a tarefa colonizadora dos europeus envolveria também o trabalho missionário de levar até os povos da África e da Ásia os ensinamentos do cristianismo para retirá-los do "estado primitivo" em que viviam. Em benefício da humanidade, os colonizados contribuiriam da única maneira que é possível para eles: auxiliando, com o seu trabalho, o desenvolvimento das potências europeias. Com tudo isso, a submissão do *outro* e sua exploração estão justificadas.

É fácil perceber como essa forma de pensar está fundamentada em um dos frutos diletos do pensamento europeu ocidental que se disseminou nas últimas décadas do século XIX: o racismo.

Impactos da expansão colonial

O imperialismo está longe de ser um fenômeno exclusivamente econômico ou político. Trata-se de um fenômeno que afeta todos os aspectos da vida social e, se pensarmos em seus impactos, ele produziu transformações profundas e duráveis no mundo tanto das colônias quanto das metrópoles.

Na Europa, se firmou a ideia de que a chegada do aparato administrativo e militar das potências imperialistas introduziu nas colônias estruturas racionais de governo e de exploração econômica onde antes imperava o vazio. Em última instância, diziam até mesmo os mais avessos à exploração colonial, o imperialismo beneficiava povos que eram, há muito, impotentes para dar o salto necessário de modo a atingir o estágio de desenvolvimento em que se encontrava o Ocidente.

Essa benevolência analítica para com o imperialismo, reprodutora do mito fundante da empresa colonial, só era possível de longe. Lembrando a imagem do escritor Joseph Conrad no livro *Coração das trevas*: "A conquista da terra, que na maioria das vezes significa tomá-la daqueles que são fisicamente diferentes, ou que tem um nariz levemente mais achatado do que o nosso, não é uma coisa bonita de se ver, quando se olha muito para ela".

Quando se olha de perto, o que se vê são práticas administrativas e econômicas que têm como único propósito a criação dos melhores meios para a transformação da colônia em uma unidade produtiva que atenda às expectativas da metrópole. Em algumas experiências coloniais, a solução encontrada pela pouca capacidade de controle direto da colônia foi a constituição de pequenas unidades gestoras relativamente autônomas que eram, com frequência, entregues à administração privada. Nesses casos, a multiplicidade de sistemas de controle privados e estatais sobre um mesmo território, que reclamavam simultaneamente o direito de taxar e explorar o trabalho dos nativos, além de envolverem práticas de governança distintas e, não raro, contraditórias, produziu mais caos do que racionalidade administrativa.

Em muitos casos, a intervenção tinha início com o redesenho territorial e envolvia retirada das populações nativas das áreas que ocupavam. O estabelecimento de fronteiras arbitrárias nas regiões de colonização, mais marcadamente no continente africano que na Ásia, separou grupos linguísticos e culturais e reuniu, sob uma mesma unidade, grupos rivais. Da mesma forma, políticas de transferência de população, na maior parte das vezes movidas pela expectativa de liberação de terras para a exploração econômica por europeus, eram práticas regulares e violentas.

Ao lado disso, a reconfiguração societária no ambiente colonial foi observada em quase todas as experiências. Com frequência, grupos ou chefes nativos acolheram os europeus como suportes de sua própria prosperidade e grandeza nas disputas locais. Mas, o apoio a personalidades ou a grupos nativos aliados, bem como a constituição de elites nativas mais facilmente manejáveis, prática constante no redesenho das hierarquias políticas no mundo colonial, fez com que a estrutura social tradicional não resistisse à intervenção europeia, sendo frequentemente desconstituída e reconstituída à sombra dos padrões europeus.

Além disso, o mundo colonial era estruturalmente cindido. Isso significa que a fronteira e a assimetria entre o europeu e o colonizado eram bem demarcadas e sempre visíveis. Nesse tipo particular de sociedade, o colonizado, independentemente do lugar na hierarquia nativa por ele ocupado, era sempre inferior. Essas fronteiras, no mais das vezes intransponíveis, eram visíveis em diversas dimensões da vida social, expressando-se tanto na língua utilizada em assuntos oficiais (a do colonizador) quanto na possibilidade limitada de ascensão social e no fato cotidiano da violência, já descrita por Frantz Fanon, um intelectual que se tornou um dos expoentes da luta anticolonial no século XX, como indisfarçada e exercida na boa consciência de que deveria ser explícita e onipresente.

Isso é amplamente demonstrado não somente pela prática colonial das metrópoles, como também justificado por aqueles que a implementaram, como o fez Carl Peters, um dos agentes da colonização alemã na África Oriental e que ficou tristemente conhecido pela crua brutalidade com que tratava os nativos.

MEMÓRIAS DE CARL PETERS

Em suas memórias, publicadas em 1906, Carl Peters responde àqueles que o acusavam de desumanidade no trato dos africanos:

> Eu fui muito atacado e insultado na Alemanha pela maneira como eu [...] lidei com os nativos; certamente por pessoas que sabem tanto dos africanos quanto do homem na lua. [...] E achou-se para isto a acusação conveniente de "brutalidade" contra os "pobres negros". [...]
>
> Competente para julgar-me são, na minha opinião, só os que conheceram os africanos nas áreas onde eles mesmos dominam; e não onde eles vivem sob o domínio branco, onde se tem a impressão de que sua índole é melhor do que ela realmente é, e assim não se pode conhecê-los como o animal brutal que saiu das mãos da natureza. [...]
>
> Se eu dou a um chefe negro um boi, ele estará imediatamente inclinado a tirar todo o meu rebanho; se eu dou a ele um golpe com o chicote, ele estará inclinado a me dar bois de presente. Isso traz a questão à sua fórmula mais sintética: ele sempre verá, nos atos de bondade, o medo e, nos atos de firmeza, a consciência da força superior dos brancos.

Fonte: PETERS, Carl. *Die Gründung von Deutsch-Ostafrika:* Kolonialpolitische Erinnerungen und Betrachtungen. Berlin: Verlag von C. A. Schwetsche und Sohn, 1906, pp. 250-3. Tradução nossa.

A violência constitutiva das práticas coloniais teve alguns casos exemplares.

No Congo de Leopoldo II, o sistema de trabalho forçado para a exploração de borracha implicou o estabelecimento de cotas de produção para comunidades inteiras. Alguns administradores utilizavam o recurso de tomar as mulheres de uma comunidade como reféns regulares para obrigar os homens a atingir a cota. Outros infligiam punições físicas aos nativos caso a cota não fosse atingida, incluindo a prática da mutilação física, que se tornou habitual entre os administradores de Leopoldo II: mãos e braços cortados são as imagens talvez mais chocantes de um sistema bárbaro de produção e que teve como efeito, pelo deslocamento da força de trabalho exclusivamente para a extração de cotas altíssimas de borracha, a destruição de formas tradicionais de vida e de subsistência.

A publicação de fotografias produzidas por missionários escandalizou mesmo pessoas acostumadas a se considerar superiores e gerou uma vigorosa reação pública contra as atrocidades cometidas. A pressão internacional, especialmente da Inglaterra e dos Estados Unidos, fez com que a Bélgica designasse uma comissão para apurar as denúncias contra o rei. Confirmadas, Leopoldo II se viu forçado a abrir mão de sua propriedade sobre o Congo e transferi-la para o Estado belga.

FOTOGRAFIAS DE MISSIONÁRIOS NO CONGO

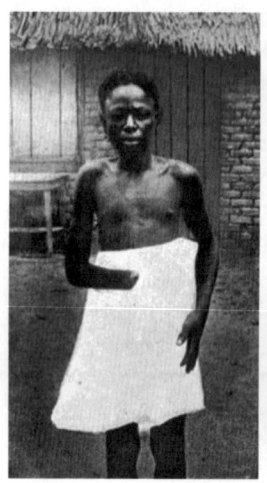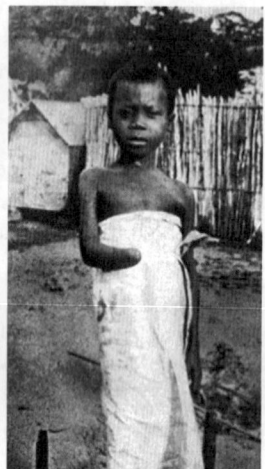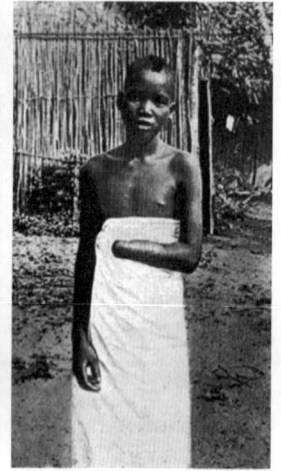

As fotografias, tiradas por missionários no Congo belga, expuseram as atrocidades e a barbárie da dominação colonial europeia. A mutilação de adultos e crianças fazia parte das frequentes punições físicas para os que não cumpriam as cotas de um sistema de produção desumano.

Fonte: MOREL, Edmund D. *King Leopold's Rule in Africa*. London: William Heinemann, 1904, pp. 112-3.

O efeito desse tipo de exploração para o Congo foi uma verdadeira fratura demográfica: em torno de 10 milhões de mortos até princípios do século XX.

Da colônia da África Alemã do Sudoeste, que corresponde à atual Namíbia, vem outro caso exemplar do grau de violência que podia atingir a empreitada imperialista. Trata-se da resposta alemã à revolta dos nativos herero contra as práticas de desocupação de terras e a violência cotidiana a que eram submetidos. A revolta, que se iniciou em 1904, pegou a administração colonial de surpresa e levou a metrópole a querer dar um *sinal* definitivo de até onde estava disposta a ir para favorecer seus interesses na região: a ação militar teve o propósito de *eliminar* o grupo dos herero. Isso não surpreende se lembrarmos das palavras de um missionário: "o alemão olha os nativos como sendo do mesmo nível dos primatas superiores (*babuíno* é o seu termo favorito para chamar os nativos) e os trata como animais. O colono sustenta que o nativo tem o direito de existir apenas na medida em que ele é útil para o homem branco".

O Exército colonial, comandado pelo general Lothar von Trotha, experiente em massacres coloniais, empurrou militarmente os herero para o deserto de Omaheke (a oeste do Kalahari), com a ordem de matar todos que sobrevivessem à sede. Ainda assim, muitos foram presos e levados para o "campo de concentração" da fria e desértica ilha de Tubarão. Os maus-tratos e a falta calculada de cuidados e de alimentação fizeram com que esse tenha sido considerado o primeiro *campo de extermínio* da história alemã.

Levando em conta as perdas no conflito e aquelas derivadas da retaliação calculada, o saldo foi a morte de cerca de 80% de toda a população dos herero, que contava em princípios de 1904 com aproximadamente 800 mil indivíduos. Além disso, todas as suas terras e todos os seus rebanhos foram apropriados diretamente pela administração colonial. Os herero remanescentes foram expulsos do território ou espalhados pela colônia em situação de trabalho escravo. No relato oficial da operação, o autor finaliza, com ares de dever cumprido: "os herero deixaram de existir como povo autônomo".

Práticas como essas deixaram marcas duráveis em todas as sociedades submetidas ao imperialismo europeu.

* * *

Também nas sociedades colonizadoras os impactos não foram pequenos, ainda que em sentido contrário: elas se fizeram "sociedades coloniais". O imperialismo funcionou como válvula de escape para a pressão social advinda do crescimento populacional e das desigualdades existentes: a abertura de postos de trabalho ligados à empresa colonial (tanto na administração e no Exército colonial quanto os canalizados pela transferência de população para as áreas coloniais por meio da emigração) alavancou a mobilidade social, especialmente de setores médios. Pelas benesses econômicas trazidas para as metrópoles, o imperialismo era elogiado por toda a sociedade, pois as colônias passaram a ser vistas como decisivas para sua sobrevivência.

Além disso, nas metrópoles europeias, o que se "sabia" por meio de escritos baseados em teorias supostamente científicas sobre as distintas "raças" humanas era comprovado pela leitura que se fazia da experiência do imperialismo: a dominação dos nativos trazia "evidências" de que todos os outros povos eram, de alguma forma, inferiores aos europeus e, indo além, de que alguns dos "povos de cor" talvez não fossem nem sequer plenamente humanos. Por meio do imperialismo, em um contexto de enorme disseminação do pensamento racista, se afirmou a ideia de que a "raça branca" era de fato superior às outras. E isso cruzou fronteiras sociais e políticas: em todas as classes, em todos os partidos e em todos os países europeus a ideia de superioridade dos brancos tornou-se popular e bem-aceita.

O fim de século: ambiente e expectativas

ENTRE A CONFIANÇA E O PESSIMISMO

Os pouco mais de 40 anos que separam a vitória alemã sobre Napoleão III em Sedan e o início da Grande Guerra de 1914 foram tempos curiosos. Houve um raro momento de paz na relação entre as grandes potências, mas uma paz tensa, armada, ansiosa pela guerra. Uma Europa vibrante e confiante convivia com outra que não escondia sua apreensão ou mesmo seu pessimismo em relação ao futuro.

As *novidades do século* – não só técnicas, mas também espirituais, intelectuais e políticas – passaram a ocupar um espaço absolutamente inédito na vida pública de uma sociedade que se industrializava e adquiria novas feições.

Para muitos, essas *novidades* eram os sinais mais evidentes de um mundo que estava de fato progredindo. A ciência, a técnica e a razão pareciam marcar o espírito da época em uma Europa que não se cansava de se admirar e de se autocelebrar como o motor do *progresso humano*. Por isso, elas foram celebradas em festas grandiloquentes que ensinavam que a humanidade não poderia ter produzido nada melhor do que aquilo que era a Europa de fins do século XIX. Em 1900, Paris foi o palco da mais expressiva de todas essas festas: a Exposição Universal sugestivamente chamada de "balanço de um século". Em um catálogo de propaganda, a firma de navegação H. Overstolz anunciava a exposição como "uma feira para fechar o século XIX! Coroamento do esforço de uma era de invenções". A exposição mostraria, orgulhosa, "o progresso, as conquistas, o crescimento das nações, o avanço da civilização". Apesar de o nome da exposição sugerir o contrário, seu propósito não foi olhar para trás, mas indicar caminhos para o século que começava.

As "Exposições Universais" percorriam as principais cidades do mundo há quase 50 anos e, a cada nova edição, empolgavam multidões de visitantes. Contudo, a exposição parisiense de 1900 foi um show de superlativos. Ela foi quatro vezes maior que a anterior e registrou um recorde absoluto de presenças: mais de 50 milhões de visitantes puderam admirar o cinema, o motor a diesel, calçadas rolantes e inúmeras outras novidades surpreendentes. Mas, na mesma época em que as novidades eram celebradas, havia também desconforto com esse mundo novo. Para alguns dos observadores contemporâneos, em seu caminho para a modernidade e para o enriquecimento, a Europa parecia ter deixado de lado os limites morais.

DIÁRIO DE WILFRID SCAWEN BLUNT

Na virada do milênio, este espírito crítico foi registrado com rara clareza no diário do poeta e diplomata inglês Wilfrid Scawen Blunt (1840-1922), conhecedor da experiência imperialista britânica na África e na Ásia.

22 de dezembro [de 1900] – O velho século está quase acabado e deixa o mundo em uma bela passagem, e o Império Britânico está fazendo nele o papel de diabo como nunca antes um império o fez em tão larga escala. É possível que vivamos para ver a sua queda. Todas as nações da Europa estão fazendo o mesmo na China, massacrando, saqueando e estuprando nas cidades capturadas de forma tão ultrajante como na Idade Média. O imperador da Alemanha dá ordem para o massacre e o papa olha e aprova. Na África do Sul, nossas tropas estão queimando fazendas sob o comando de Kitchener, e a rainha e as duas Casas do Parlamento e os bispos agradecem publicamente a Deus e dão dinheiro para a obra. Os norte-americanos estão gastando cinquenta milhões por ano para massacrar os filipinos; o rei dos belgas investiu toda a sua fortuna no Congo, onde está brutalizando os negros para encher seus próprios bolsos. Os franceses e italianos neste momento estão a desempenhar um papel menos proeminente na matança, mas a sua inatividade há de entristecê-los. A raça branca inteira está festejando somente em violência, como se nunca tivesse fingido ser cristã. Que a maldição de Deus recaia sobre todos eles! Assim termina o famoso século XIX no qual nós estávamos tão orgulhosos de ter nascido.

31 de dezembro – Eu me despeço do velho século, e que ele descanse em paz, pois viveu em guerra. Sobre o novo século eu só profetizo que ele vai ver o declínio do Império Britânico. Outros impérios piores vão aparecer em seu lugar, mas não vou viver para ver este dia.

Fonte: BLUNT, Wilfrid Scawen. *My Diaries*: Being a Personal Narrative of Events – 1888-1914. Part One: 1888 to 1900. London: Martin Secker, 1919, pp. 464-5. Tradução nossa.

Outros contemporâneos registraram a sensação de que a insegurança e a incerteza pareciam ser as únicas coisas estáveis em um mundo em perpétua mutação. Esse foi um tempo em que, para muitos, a negação do passado em nome do *novo* parecia ter se tornado um valor em si mesmo. O filósofo Friedrich Nietzsche, em *A gaia ciência* (seção 124), está entre os que escreveram sobre esse clima: "Deixamos a terra, subimos a bordo! Destruímos a ponte atrás de nós, melhor, destruímos a terra atrás de nós". Esse foi o resultado de um longo processo de secularização e de desconstituição do cristianismo como referência única e absoluta para a vida e para o pensamento europeus. Formas tradicionais de estruturação da vida nas sociedades europeias foram, aos poucos, sendo solapadas: o princípio da legitimidade monárquica, a *sociedade de ordens*, os modos de vida e de trabalho em uma sociedade agrária (em oposição ao cotidiano no mundo urbano e industrial em acelerado desenvolvimento).

A *surpresa* e a *angústia* compunham a experiência das pessoas em um mundo que era menos estável do que até os que saudavam as novidades podiam imaginar ou mesmo desejar. Isso fez emergir formas de sentir e de perceber marcadas pela recusa de tudo o que parecia estar associado a essa *nova Europa*. No universo das artes, por exemplo, criou-se a expectativa de superar toda pretensão racionalista e objetivista do realismo. A ideia de que o mundo real e objetivo seria um imperativo para a produção artística foi deixada de lado por artistas que preferiram retratar a maneira como o mundo é *percebido*, deslocando o foco da coisa observada para a relação que o observador mantém com ela, como propunham os simbolistas. No artigo-manifesto "Le symbolisme", publicado em 1886, Jean Moréas declarou o simbolismo um "inimigo [...] da descrição objetiva". A poesia passou a valorizar a mistura de sentidos (sinestesia) e, assim, superar o *uso objetivo* da língua: escutar as cores e ver os sons passam a ser possíveis.

Os simbolistas privilegiavam a incompletude, advogando que é o fragmento, a *sugestão* que permitem ao observador construir e antever o todo, indo além dos limites que os sentidos imediatos permitem apreender. À exterioridade de um mundo visível e imediatamente apreensível, claro e transparente singularmente representado pela pintura realista, os simbolistas opunham o distorcido e o encoberto, apresentando um mundo que estaria longe de ser transparente, evidente, como muitos supunham.

Em 1874, Monet deu o título de *Impression* a um de seus quadros e, com ele, uma corrente de artistas descontentes encontrou o termo que os unificava. O impressionismo recusava o realismo, dando um lugar primordial para a subjetividade do artista e dissolvendo a ideia de que a arte seria a cópia do real.

Na economia, o otimismo liberal fundado na ideia de que o mercado seria capaz de se autorregular sem a necessidade de qualquer intervenção ou controle estatal lentamente dava lugar ao pessimismo em relação à capacidade do mercado de funcionar bem sem a mão intervencionista do Estado.

NATURALISMO, IMPRESSIONISMO, EXPRESSIONISMO

Jules Bastien-Lepage, *Outubro*, 1878.

Claude Monet, *Impressão, nascer do sol*, 1873.

Edvard Munch, *O grito*, 1893.

As obras ressaltam o contraste entre a percepção de um mundo
transparente, objetivamente apreensível (quadro superior),
para a percepção de um mundo opaco, só subjetivamente apreensível –
visão representada pela obra impressionista de Monet
(quadro inferior à esquerda) e pelo expressionismo de Munch.

O ABANDONO DO DOGMA LIBERAL... EM NOME DO LUCRO

A ideia da livre concorrência de indivíduos produtores, em um mercado aberto e não controlado pelo Estado, chegou ao final do século visivelmente desprestigiada em amplos círculos liberais convencidos, em razão da Grande Depressão, de que a livre concorrência talvez não devesse ser tão livre assim. No cenário europeu dos anos de 1890, monopólios, trustes e cartéis, aliados a uma pesada intervenção do Estado na economia, tornaram-se lugar-comum. De fato, quando novas tecnologias encareceram muito o processo de produção, as associações de investidores passaram a ter um papel cada vez mais destacado no financiamento e na expansão da produção. As *sociedades por ações* cresceram em número e em importância em alguns ramos de peso, como a siderurgia, e, com elas, multiplicou-se o capital injetado na produção.

Além disso, a própria crise e as falências sequenciais contribuíram para reduzir vertiginosamente o número de produtores individuais e, portanto, de *concorrentes*, revelando uma tendência cada vez mais observada neste universo do capitalismo industrial: a concentração crescente do controle da produção nas mãos de poucos. Empresas maiores absorveram outras menores, que, em seguida, foram absorvidas por empresas maiores ainda. Em diversos casos, um único grupo de investidores passou a controlar todo um ramo de produção, como foi o caso das Indústrias Krupp (siderurgia), que dominaram o mercado alemão e chegaram ao final do século XIX como o maior grupo industrial da Europa. Com isso, o incômodo gerado entre os capitalistas por um mercado aberto a múltiplos concorrentes pôde ser minimizado. Quando a concentração não ocorria, outra solução era adotada: produtores de um mesmo ramo se associavam para que, com preços combinados, ninguém ficasse exposto aos dissabores da livre concorrência de um mercado que, se deixado sem controle, insistia em não atender às expectativas dos investidores.

Mas isso não foi suficiente para impedir que a livre concorrência fizesse mal aos negócios. Quando os braços da iniciativa privada se mostraram mais curtos do que seria desejável, o Estado foi chamado a intervir, assumindo, cada vez mais, uma função protetora dos negócios privados "nacionais" no cenário internacional. O jogo estatal era estabelecer ou aumentar internamente tarifas de produtos de concorrentes estrangeiros e, ao mesmo tempo, forçar outros países a diminuírem as suas tarifas de importação, tanto por meio de negociações quanto de guerras.

O monopólio informal e o intervencionismo estatal se tornaram, assim, tendências de um sistema capitalista que, não raro cinicamente, se afirmava "liberal"; acabar com a livre concorrência passou a ser o objetivo do empreendedor capitalista quando se tratava de proteger seu capital do maior dos riscos da liberdade: o prejuízo.

RELAÇÕES ENTRE ESTADOS: O AUMENTO DAS TENSÕES NO CENÁRIO EUROPEU

No terreno das relações entre os países europeus, o final do século viu o otimismo de um mundo estável e sem guerras ser solapado por um ambiente cada vez mais impregnado pelo nacionalismo e marcado pela concorrência imperialista. Além disso, ocorreram mudanças decisivas nos mecanismos que estruturavam até então as relações entre as potências. Podemos dizer que o jogo de Bismarck foi o principal responsável por alterar o equilíbrio do Concerto da Europa. No novo esquema, as *alianças estáveis*, ofensivas e defensivas fizeram da Europa não mais um grupo de Estados que, *individualmente*, perseguiam seus interesses, às vezes em alianças que eram feitas e desfeitas conforme as circunstâncias. A constituição de *blocos de países* nasceu do temor de Bismarck de que o novo Estado alemão fosse ameaçado por uma coalizão de potências que teria à frente a França, ferida em seu orgulho nacional pela perda da Alsácia e da Lorena em 1871. Assim, Bismarck arquitetou dois campos de alianças. O primeiro, em 1872, firmado por meio do Tratado dos Três Imperadores (Alemanha, Áustria-Hungria e a Rússia), e o segundo, em 1882, pelo Tratado da Tríplice Aliança (Alemanha, Áustria-Hungria e Itália). Em ambos os tratados, a expectativa era a mesma: isolar a França.

O Tratado da Tríplice Aliança mostrou-se durável, sendo um dos pilares da bipolarização europeia. Mas o dos Três Imperadores sobreviveu só até 1877. Para não deixar soltos os fios rompidos pelas tensões entre a Rússia e a Áustria-Hungria, Bismarck firmou com o czar um tratado de neutralidade em caso de uma guerra contra uma terceira potência, com validade de três anos (renovável), conhecido como Tratado de Segurança (1887).

Porém, o arranjo de Bismarck não durou muito. Com a morte do imperador alemão Guilherme I, em 1888, e de seu filho e sucessor, Frederico III, 99 dias depois de ter assumido o trono, entrou em cena seu neto, coroado como Guilherme II aos 29 anos. As incompatibilidades entre o jovem imperador – convencido de que sua função não poderia ser outra a não ser *governar*, como o faziam os monarcas absolutistas – e um primeiro-ministro experiente e famoso levaram à demissão de Bismarck em 20 de março de 1890. E, com isso, se iniciou um novo tempo da política externa alemã.

Para Guilherme II, que assumiu o trono no ponto alto da corrida imperialista, a Alemanha deveria deixar o seu lugar de simples ator que equilibrava a política europeia e se lançar na política mundial. Identificou então as condições para que a Alemanha se tornasse um jogador à altura de suas ambições: construir uma frota naval que pudesse fazer frente ao predomínio inglês nos mares e ter um exército numeroso e tecnologicamente bem armado para manter sua posição de potência militar dominante no continente e se impor no mundo colonial. Para Guilherme II, a segurança da Alemanha não viria mais de uma política de alianças ampla, mas do reforço de seu poderio militar e de sua expansão colonial. Em função disso e de suas preferências por uma relação mais estreita com a Áustria-Hungria (envolvida em disputas cada vez mais acirradas com a Rússia nos Bálcãs), a Alemanha desistiu de renovar o Tratado de Segurança.

Esse movimento foi observado de modo atento pela diplomacia francesa que agiu rapidamente para tirar a França de seu isolamento: além de fornecer empréstimos generosos para o czar conseguir manter as contas do Estado russo, negociou um tratado com a Rússia, concretizado na Aliança Defensiva, de 1892. A aliança previa ajuda militar mútua em caso de ataque alemão. Além disso, tinha o objetivo declarado de conter a Inglaterra que representava uma ameaça aos planos expansionistas de ambos: na África, para os franceses, e na Ásia Central, para os russos.

Nesse cenário em que alianças bilaterais se consolidavam, a Inglaterra continuava poderosa, mas sem vínculos estáveis. E, para fazer frente ao acordo franco-russo, tendia a aproximar-se da Tríplice Aliança encabeçada pela Alemanha. Contudo, um sinal vindo da Alemanha alteraria essa predisposição inglesa.

Em 1897, entrou em cena o grão-almirante Alfred von Tirpitz, transferido do comando da Frota Alemã no Oriente para o cargo de secretário de Estado da Marinha com a missão de coordenar o programa de expansão da Marinha de Guerra. Esses planos de expansão foram acompanhados de uma enorme campanha pública, envolvendo grupos de pressão como a Liga Naval Alemã (1898) e a Liga Pan-germânica (1891-1894), que se tornariam as mais influentes e proeminentes organizações ligadas ao nacionalismo expansionista alemão.

Foi nessa época que, a partir dos princípios do social-darwinismo, ganhou força uma teoria política fundada na ideia de que a relação entre as nações é impulsionada por sua luta pela sobrevivência em um mundo de recursos limitados. Isso fez com que a preparação para a guerra fosse considerada o objetivo maior dos Estados. Em 1912, por exemplo, o livro *A Alemanha e a próxima guerra*, do general Friedrich von Bernhardi, historiador militar que serviu no Estado Maior do Exército alemão, causou muito alvoroço em meios civis e militares europeus pela exaltação da guerra.

A GUERRA COMO NECESSIDADE MORAL

A manutenção da paz é louvada como o único objetivo a ser almejado pelo estadista. [...]

Esta aspiração é diretamente antagônica às grandes leis universais que regem toda a vida. A guerra é uma necessidade biológica de primeira importância, um elemento regulador na vida da humanidade que não pode ser dispensada. [...]

A luta pela existência é, na natureza, a base de todo o desenvolvimento saudável. Todas as coisas existentes são o resultado de forças em disputa. Assim, na vida do homem, a luta não é apenas destrutiva, mas também o princípio que proporciona a vida. [...]

A luta é, portanto, uma lei universal da natureza, e o instinto de auto-preservação que leva à luta é reconhecido como uma condição natural da existência. O homem é um lutador. O autossacrifício é uma renúncia à vida, tanto na existência individual como na vida dos Estados, que são aglomerações de indivíduos.

A primeira e mais importante lei é a afirmação de uma existência independente. Somente pela autoafirmação é que o Estado pode manter as condições de vida dos seus cidadãos, e garantir-lhes a proteção jurídica a que cada homem tem direito. [...]

Este dever de autoafirmação não é satisfeito pela simples repulsa a ataques hostis; ele inclui a obrigação de assegurar a possibilidade de vida e desenvolvimento para todo o corpo da nação abraçada pelo Estado. [...]

A guerra, a partir deste ponto de vista, será considerada como uma necessidade moral se for travada para proteger os mais altos e mais valiosos interesses de uma nação.

Fonte: BERNHARDI, Friedrich von. *Germany and the Next War*. New York: Chas. A. Eron, 1914, pp. 16-26. Tradução nossa.

A combinação entre um vibrante nacionalismo e uma teoria política social-darwinista produziu uma conjuntura em que a guerra era glorificada e vista como uma condição permanente em um mundo de nações. Porém, o mais significativo é que daí também emerge uma forma muito distinta de se conceber a guerra: a *segurança da nação* e sua *sobrevivência* não dependeriam mais de acordos e tratados que reintroduzissem o equilíbrio ou a estabilidade perdida. A segurança só seria alcançada se o *outro* fosse reduzido à impotência absoluta ou mesmo eliminado.

O desenvolvimento da industrialização europeia deu suporte para esse espírito, trazendo novidades importantes também para a produção de armas. Às armas de repetição, em especial a metralhadora, se somaram outras novidades, como ligas metálicas mais leves para os rifles e canhões de aço que lançavam obuses a uma distância de vários quilômetros e com muito mais precisão do que os canhões de bronze tradicionais. Dirigíveis levavam a guerra para os ares, e o amplo uso de automóveis e de trens aumentava a velocidade e a mobilidade dos exércitos. A chegada da Revolução Industrial no ramo de armamentos anunciava para uns poucos e atentos observadores que a guerra seria diferente daquilo que se conhecia até então. Um deles foi Friedrich Engels, amigo e colaborador de Karl Marx e personalidade de destaque do movimento socialista europeu. Em 1887, ele escreve o prefácio de uma brochura de autoria do revolucionário alemão Sigismund Borkheim sobre o "ultranacionalismo" na Alemanha. Nesse prefácio, Engels denuncia o crescimento do nacionalismo agressivo e do militarismo alemão e, dadas as condições daquele momento, vislumbra as terríveis consequências de uma guerra.

A GUERRA GENERALIZADA E SEUS RISCOS

E finalmente não há outro tipo de guerra possível para a Prússia-Alemanha do que uma guerra mundial, e uma guerra mundial com extensão e intensidade jamais imaginadas. Oito a dez milhões de soldados se matarão e destruirão de tal forma a Europa que nem mesmo um enxame de gafanhotos poderia fazer. A devastação da Guerra dos Trinta Anos em apenas três ou quatro anos e se espalhando por todo o continente. Fome, epidemias e a selvageria dos exércitos e das massas trazidas pela miséria aguda. Caos irreversível no comércio, na indústria e nas finanças, levando à bancarrota geral. Colapso dos antigos Estados [...] de tal forma que as coroas vão rolar nas ruas e não se encontrará ninguém disposto a erguê-las: absoluta impossibilidade de prever como tudo isto acabará e quem sairá vitorioso da luta. Só há um resultado absolutamente seguro: o esgotamento geral e a criação das condições para a vitória final da classe operária. Esta é a expectativa se a radicalização do sistema de rivalidades e da corrida armamentista trouxer seus inevitáveis frutos. É para esta situação que vocês, príncipes e homens de Estado, em sua sabedoria, conduziram a velha Europa.

Fonte: ENGELS, Friedrich. Einleitung zu Borkheims "Zur Erinnerung für die deutschen Mordspatrioten" (1887). In: MARX, Karl; ENGELS, Friedrich. *Werke*. Berlin: Institut für Marxismus-Leninismus beim Zentralkomitee der SED, v. 21, 1962, pp. 350-1. Tradução nossa.

Mas, a corrida armamentista, levada a cabo por todas as potências, tornou-se o meio de atender às expectativas de um pensamento estritamente pragmático fundado na ideia de *supremacia*, além do que ela também animava as paixões irracionais do nacionalismo. O público europeu, que havia sido educado a pensar *nacionalmente*, reagia com entusiasmo a cada sinal de poder de seu país.

Para renovar e expandir seu potencial bélico, os investimentos do Estado alemão foram canalizados para sua indústria siderúrgica. Entre 1880 e 1910, a tonelagem dos navios da Marinha de Guerra alemã cresceu impressionantes 1.095%, deixando muito atrás todos os outros países europeus: Áustria-Hungria 350%, Grã-Bretanha, 334%, Itália 327%, França, 267%.

Os resultados alarmaram os países vizinhos. A Inglaterra percebeu que sua supremacia nos mares – vista como a maior garantia de sua sobrevivência – estava ameaçada. E isso impulsionou o governo inglês a buscar alianças que protegessem o país da Alemanha e "sua" Tríplice Aliança.

Em 8 de abril de 1904, França e Inglaterra firmaram a Aliança Cordial, um acordo de reconhecimento de esferas de influência de cada uma no mundo colonial, limitando as tensões entre ambas. Só em 1907, o caráter de acordo militar se tornou mais claro, passando a Inglaterra a formar, com a Rússia e a França, a Tríplice Entente.

Europa em blocos

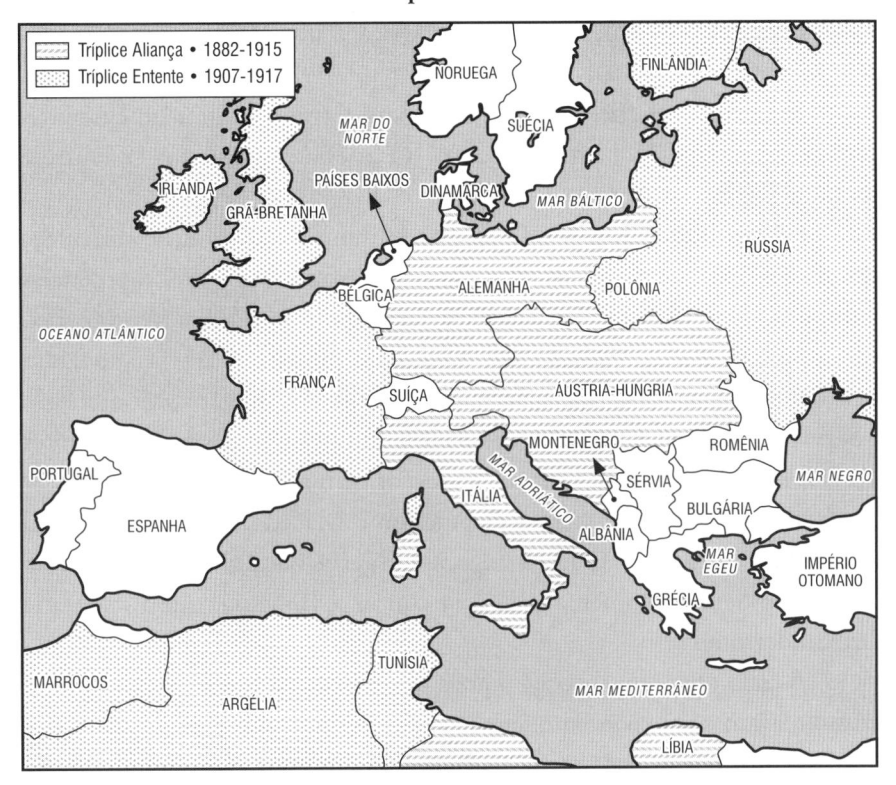

A segunda metade do século XIX
viu a Europa progressivamente se agrupar
em blocos de aliança que, em 1914,
dariam início a uma guerra devastadora.

Nesse novo quadro institucional, desenhado a partir da última década do século XIX, as relações entre os países viviam em um clima de tensão permanente. De 1905 a 1914, a Europa observou crises sequenciais, motivadas tanto por reivindicações de alteração do *status quo* no mundo colonial, quanto pela busca por afirmação no próprio cenário europeu.

Em alguns casos, como nas duas crises do Marrocos (1905 e 1911), as coisas se combinaram: a Alemanha buscou ampliar suas possessões coloniais e colocar em questão a preponderância francesa sobre a região, ao mesmo tempo que desafiou a Aliança Cordial. Em 1905, a Alemanha se isolou no cenário Europeu; mas, em 1911, o resultado foi uma pequena ampliação das possessões alemães na África e um enorme aumento das tensões entre a França e a Alemanha.

Em 1911, a Itália, também com expectativa de entrar no clube das potências coloniais, foi à guerra contra o Império Otomano pelo controle da Líbia. E venceu.

O moribundo Império Otomano enfrentou ainda outras dificuldades na Europa que acabaram por incendiar as relações entre as potências europeias. Em 1908, a Áustria-Hungria anexou a Bósnia-Hezergovina, com apoio da Alemanha, em detrimento das pretensões sérvias, apoiadas pela Rússia, ao controle da região. Em 1912, Grécia, Bulgária, Montenegro e Sérvia formaram a Liga Balcânica para se apropriarem das partes restantes do Império Otomano na Europa, dando origem à Primeira Guerra Balcânica, em que Bulgária e Sérvia disputaram a Macedônia. O acirramento do conflito levou, em 1913, à Segunda Guerra Balcânica, envolvendo a aliança de Sérvia, Romênia e Grécia contra a Bulgária, que finalmente acabou derrotada.

A cada crise, em especial aquela dos Bálcãs, os blocos de alianças se consolidavam e se expandiam: em 1913, a Sérvia firmou uma aliança com a Rússia que a protegeria caso suas pretensões de criar uma Grande Sérvia com os "eslavos do Sul" (parte dos quais em território austro-húngaro) terminasse em um conflito com o Império dos Habsburgo. O Império Otomano, acossado pela Sérvia e pela Rússia, se aproximou da Bulgária, derrotada na Segunda Guerra Balcânica; os governos otomano e búlgaro firmaram, então, alianças com Alemanha e Áustria-Hungria para fazer frente às pretensões de crescimento da Sérvia.

Os elementos de um novo cenário já estavam postos: dois blocos de alianças estáveis e fixos, alimentados por movimentos populares nacionalistas. Somou-se a isso uma percepção das relações internacionais, como luta concorrencial pela sobrevivência de cada nação, e da importância do acúmulo de armamentos novos e mais potentes. Essas variáveis eram indícios claros de que as relações entre os países haviam mudado de qualidade.

Mesmo que gerasse apreensões em algumas pessoas, o aumento das tensões internacionais parecia não ser visto por muitos como um sinal de que algo muito grave estava acontecendo na Europa. Não eram poucos os que consideravam que a Europa havia conseguido um nível tal de *civilidade* nas relações entre os países que se podia imaginar, sem muita dificuldade, que o inflamado nacionalismo desses tempos nada mais era do que retórica vazia: algo compreensível por seu papel na política interna, mas pouco significativo como perigo real na política externa.

Em 1909, o jornalista inglês *sir* Norman Angell (que, em 1933, ganharia o prêmio Nobel da Paz) publicou *A grande ilusão*, um livro muito discutido em seu tempo. Nele, Angell defendeu o ponto de vista de que ainda estavam ativos os resquícios de certo "emocionalismo" na relação entre os países, querendo dizer com isso que suas relações eram ainda, em muitos casos, pautadas pelas paixões e não pela razão. Mas, como em outras áreas da vida civilizada, aqui também, isso haveria de ser superado; da mesma forma como "o duelo desapareceu das relações pessoais em nossa sociedade" também o racionalismo levaria os Estados a abandonar a "moralidade do duelo, com suas noções arcaicas de uma honra defendida pelas armas".

A realidade parecia confirmar a avaliação otimista feita por ele: desde 1899, duas conferências de paz em Haia haviam conseguido produzir tratados que, se imaginava, comprometiam as potências europeias não só com regras mais humanas e racionais para a prática da guerra (ratificando o que já havia sido firmado em 1864 em Genebra), mas também com a contenção da corrida armamentista e a manutenção da paz.

Segundo os otimistas, a civilização e o racionalismo preparariam um futuro sem guerras e as recaídas que porventura acontecessem seriam nada mais que abalos episódicos perfeitamente controláveis no quadro institucional existente. A Europa já havia dado muitos sinais de que, graças à racionalidade reinante, o sistema garantiria o *estado de paz*. Alguns até imaginavam que seria um estado de paz permanente.

Mas, em julho de 1914, quando uma nova crise veio à tona, os novos mecanismos de funcionamento dessa Europa reagrupada e nacionalizada se puseram em movimento.

Em 28 de junho, o herdeiro do trono imperial austro-húngaro, Francisco Ferdinando, foi assassinado por um nacionalista bósnio apoiado pela Sérvia. Acusada pelo governo austríaco de estar por trás do atentado, a Sérvia, apoiada pela Rússia, negou seu envolvimento. Contudo, 34 dias depois do atentado, o Império Austro-Húngaro, apoiado pela Alemanha, declarou guerra aos sérvios.

Nesse momento, as engrenagens do novo sistema de Estados europeus foram colocadas em movimento, produzindo um efeito dominó: fazendo valer o tratado com os sérvios, a Rússia declara guerra à Áustria-Hungria, levando suas aliadas, a França e a Inglaterra, a também entrarem no conflito. No outro polo, a iniciativa da Áustria-Hungria foi apoiada pela Alemanha que então declarou guerra à Rússia, à França e à Inglaterra, trazendo para o conflito também a Bulgária e o Império Otomano. Nessa conjuntura, as declarações sequenciais de guerra animaram as massas por toda a Europa.

George Grantham Bain Collection (Library of Congress), ago. 1914.

A alegria e o entusiasmo são
as marcas das manifestações nas capitais
das grandes potências europeias após
a declaração de guerra em agosto de 1914,
como mostra esta fotografia alemã da época.

O sucesso alcançado pela agitação e pela educação nacionalistas pode ser verificado quando a ordem para a mobilização geral foi recebida com grande entusiasmo em todos os países envolvidos. Por décadas, o público europeu havia sido formado para compreender exatamente aquilo que George Walter Prothero, do Comitê Central das Organizações Nacionais Patrióticas da Inglaterra, disse no início do conflito: "Estamos lutando, antes de qualquer outra coisa, por nossa honra nacional" e "pela nossa existência". E as imagens de júbilo e alegria do público que se mobilizava no início da guerra são, vistas retrospectivamente, quase chocantes.

Soldados britânicos na Batalha de Cambrai, 1917 (anônimo).

A euforia do início da guerra dá lugar, em pouco tempo,
ao abatimento e à desolação trazidos por um tipo de guerra
ainda não vista e que fez afundar a Europa do século XIX.

O otimismo reinante no início do conflito mundial dava a certeza de que seria uma guerra curta: não existiam planos militares ou preparação para uma guerra de inverno, por exemplo. Foram necessários menos de seis meses para que o conflito surpreendesse os que antes o saudaram. Muitos foram os espíritos que então se deram conta de que, por trás das cortinas da civilização e da racionalidade, a quantidade de material explosivo era grande e potente o suficiente para dissolver a Europa do século XIX.

Sugestões de leitura

Livros sobre o século XIX

ABENDROTH, Wolfgang. *A história social do movimento trabalhista europeu.* Rio de Janeiro: Paz e Terra, 1977.

ANDERSON, Benedict. *Comunidades imaginadas.* Reflexões sobre a origem e a difusão do nacionalismo. São Paulo: Companhia das Letras, 2008.

ARENDT, Hannah. *Da revolução.* São Paulo: Ática, 1990.

BANTON, Michael. *A ideia de raça.* Lisboa: Edições 70, 1979.

BEER, Max. *História do socialismo e das lutas sociais.* São Paulo: Expressão Popular, 2006.

BERMAN, Marshall. *Tudo que é sólido desmancha no ar:* a aventura da modernidade. São Paulo: Companhia das Letras, 1986.

ELEY, Geoff. *Forjando a democracia:* a história da esquerda na Europa, 1850-2000. São Paulo: Ed. Fund. Perseu Abramo, 2005.

FERRO, Marc. *História das colonizações:* das conquistas às independências. São Paulo: Companhia das Letras, 1996.

FRANTZ, Fanon. *Pele negra, máscaras brancas.* Salvador: Edufba, 2008.

GAY, Peter. *O cultivo do ódio.* São Paulo: Companhia das Letras, 2001.

GODECHOT, Jacques. *As revoluções (1770-1799).* São Paulo: Pioneira, 1976.

_____. *Europa e América no tempo de Napoleão (1800-1815).* São Paulo: Pioneira/Edusp, 1984.

HERMAN, Arthur. *A ideia de decadência na história ocidental.* Rio de Janeiro/São Paulo: Record, 1999.

HOBSBAWM, Eric J. *A era das revoluções* – 1789-1848. Rio de Janeiro: Paz e Terra, 1977.

_____. *A era do capital* – 1848-1871. Rio de Janeiro: Paz e Terra, 1982.

_____. *Da Revolução Industrial inglesa ao imperialismo*. Rio de Janeiro: Forense Universitária, 1986.

_____. *A era dos impérios* – 1871-1914. Rio de Janeiro: Paz e Terra, 1988.

_____. "The Making of a 'Bourgeois Revolution'". *Social Research*. v. 56, n. 1, 1989.

_____. *Nações e nacionalismo desde 1780*: programa, mito e realidade. Rio de Janeiro: Paz e Terra, 1990.

KENNEDY, Paul. *Ascenção e queda das grandes potências*. Rio de Janeiro: Campus, 1989.

KRANZ, Frederick (org.) *A outra história*: ideologia e protesto popular nos séculos XVII a XIX. Rio de Janeiro: Jorge Zahar, 1990.

LESSA, Antônio Carlos. *História das relações internacionais*: a pax britânica e o mundo do século XIX. Petrópolis: Vozes, 2005.

MANTOUX, Paul. *A Revolução Industrial no século XVIII*: estudo sobre os primórdios da grande indústria moderna na Inglaterra. São Paulo: Unesp/Hucitec, s.d.

MAYER, Arno J. *A força da tradição*. São Paulo: Companhia das Letras, 1987.

MERRIMAN, John. *A comuna de Paris*. Rio de Janeiro: Anfiteatro, 2015.

NOUSCHI, Marc. *O século XX*. Lisboa: Instituto Piaget, 1996.

POLANY, Karl. *A grande transformação*: as origens de nossa época. Rio de Janeiro: Campus, 1980.

RÉMOND, René. *Introdução à história do nosso tempo*: do Antigo Regime aos nossos dias. Lisboa: Gradiva, 1994.

RIOUX, Jean-Pierre. *A Revolução Industrial*. Lisboa: Publicações Dom Quixote, 1977.

SAID, Edward. *Cultura e imperialismo*. São Paulo: Companhia das Letras, 1995.

SCHORSKE, Carl E. *Viena fin-de-siècle*: política e cultura. São Paulo: Companhia das Letras, 1988.

SOBOUL, Albert. *História da Revolução Francesa*. Rio de Janeiro: Zahar Editores, 1981.

VOVELLE, Michael (org.) *França revolucionária*: 1789-1799. São Paulo: Brasiliense, 1989.

WESSELING, H. L. *Dividir para dominar*: a partilha da África, 1880-1914. Rio de Janeiro: Editora UFRJ, 2008.

WIEVIORKA, Michel. *O racismo, uma introdução*. São Paulo: Perspectiva, 2007.

HISTÓRIA MODERNA

Paulo Miceli

À História Moderna associa-se, de forma quase automática, o Renascimento e as grandes navegações. Feitos épicos, obras que atravessaram séculos e configurações do mundo – com a unificação de pontos longínquos da Europa – marcaram o período. Tradicionalmente, as datas limites do período são a tomada de Constantinopla pelos turcos, em 29 de maio de 1453, dando fim à Idade Média, e a deflagração da Revolução Francesa, em 14 de julho de 1789, quando começa a História Contemporânea.

O tempo histórico, porém, não coincide com aquele do calendário. Dessa forma, o historiador Paulo Miceli, especialista na área, nos apresenta uma narrativa dos principais acontecimentos que fazem parte da Idade Moderna, mas que atravessaram os limites mais rígidos dessas datas e até de fronteiras. O autor nos transporta aos tempos em que o mundo se ampliava, mas, por outro lado, uma correspondência poderia demorar meses e até anos para chegar ao seu destino.

Utilizando-se de mapas e ilustrações, além de documentos históricos e filosóficos saborosos, o autor reúne em *História moderna* os aspectos mais relevantes que caracterizam o período.

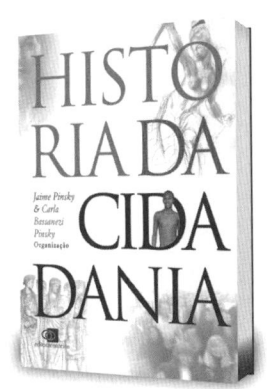

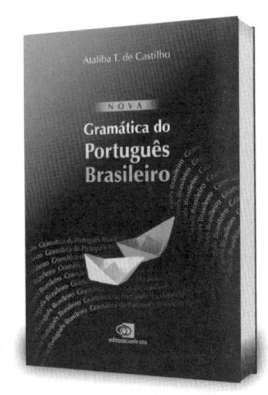

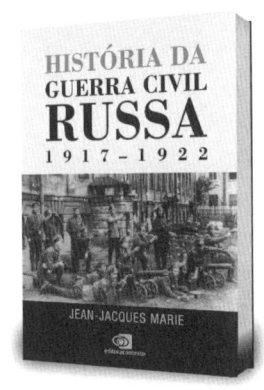